INTELIGENCIA EMOCIONAL

LA GUÍA COMPLETA PARA COMPRENDER Y GESTIONAR LAS EMOCIONES, FOMENTAR RELACIONES MÁS FELICES Y PERFECCIONAR TUS HABILIDADES SOCIALES

MATTIA PONZO

INTRODUCCIÓN

Para comprender la importancia de la inteligencia emocional en nuestras vidas, necesitamos, ante todo, entender qué significa exactamente y cómo puede suponer un cambio positivo en nuestra personalidad, permitiéndonos alcanzar más fácilmente nuestros objetivos vitales.

La inteligencia emocional puede definirse como la capacidad de reconocer y manejar las emociones de forma adecuada. También incluye la habilidad para gestionar las emociones de las personas que nos rodean. Las tres habilidades que constituyen la inteligencia emocional son:

1. Ser consciente de las emociones que forman parte de ti y de las que te rodean. Esta es la definición de Conciencia Emocional.

2. Tu capacidad para gestionar o controlar las distintas emociones que hay en ti, así como la capacidad para manejar el estado emocional de las personas que te rodean.

3. La capacidad de aprovechar estos estados emocionales y aplicarlos para lograr un resultado o resolver una situación.

4. El término Inteligencia Emocional (IE) o Cociente Emocional (CE) fue acuñado por los investigadores estadounidenses Peter Salovey y John Mayer.

Sus investigaciones definieron la «inteligencia emocional» como:

- La capacidad de percibir, interpretar y gestionar nuestras propias emociones.
- La capacidad de percibir, interpretar e influir en las emociones de otras personas.

Desde un punto de vista práctico, nuestras emociones pueden ser el motor de patrones de comportamiento e influir, positiva o negativamente, en las personas que nos rodean. Esta capacidad para gestionar las emociones se puede adquirir, especialmente en situaciones difíciles o bajo presión.

A menudo, tendemos a cometer el error de confundir la inteligencia emocional con otros rasgos de la personalidad. Por lo tanto, es importante comprender las diferencias entre la inteligencia emocional y otros rasgos de la personalidad.

CAPÍTULO 1: DIFERENCIAS ENTRE CI (COEFICIENTE INTELECTUAL), PERSONALIDAD E INTELIGENCIA EMOCIONAL

Los principales rasgos que definen la imagen global de una persona e influyen en sus interacciones diarias son el coeficiente intelectual, la inteligencia emocional y la personalidad. No existe una relación directa entre un coeficiente intelectual elevado y la inteligencia emocional; ambos son tan distintos como la tiza y el queso. No se puede esperar que una persona con un alto CI también tenga una alta inteligencia emocional. La inteligencia es tu capacidad para aprender; el coeficiente intelectual permanece constante, tanto si tienes quince años como cincuenta. La inteligencia emocional, en cambio, es una cualidad que puede adquirirse y mejorarse, a diferencia del coeficiente intelectual. La personalidad completa el cuadro; es la representación externa, basada en tus preferencias y puede ser adquirida o estar arraigada en tu carácter.

Puedes tener una personalidad extrovertida o

introvertida y, por lo general, esta permanece invariable a lo largo de la vida. Estos tres rasgos se combinan para formar los patrones de tu comportamiento hacia la sociedad y tu carrera profesional.

Mejorar su rendimiento

Tu coeficiente emocional tendrá un profundo impacto en el éxito de tu carrera profesional. Mejorar este aspecto aumentará la concentración de tu energía en una dirección positiva y producirá grandes resultados. Una reconocida agencia de investigación estudió 33 habilidades importantes en el lugar de trabajo y el resultado fue sorprendente: el 58% de las personas con mayor rendimiento poseen un alto coeficiente emocional. Esto es un claro indicador de que la inteligencia emocional es la principal fuerza impulsora de los trabajadores sobresalientes en una organización.

Una serie de habilidades críticas están directamente relacionadas con tu coeficiente emocional; de hecho, tienen un fuerte impacto en tu comportamiento y en tu capacidad para tomar decisiones cada día. Varios estudios indican que el 90% de las personas más productivas en el trabajo poseen una alta inteligencia emocional, mientras que solo el 20% de los trabajadores menos productivos demuestran inteligencia emocional. Por lo tanto, tus posibilidades de obtener mejores resultados en el trabajo aumentan considerablemente con un alto coeficiente emocional. Además, los estudios estadísticos indican una conexión directa entre mayores ingresos y un coeficiente emocional más alto. Se observó una diferencia media de 24.000 euros en los ingresos, dependiendo de si las personas tenían coeficientes emocionales más altos o más bajos. Además, sus esfuerzos por aumentar su coeficiente emocional (en cada uno de sus aspectos) podrían resultar en un incremento de sus ingresos anuales de 1.100 euros.

Estos datos son válidos para todas las industrias y campos de trabajo y se aplican independientemente de las regiones y niveles. Todos los datos indican que un mejor rendimiento y mayores ingresos están estrechamente relacionados con la inteligencia emocional.

¿Se puede desarrollar la inteligencia emocional?

El término "plasticidad" del cerebro es lo que los neurólogos utilizan para describir la capacidad de cambio del cerebro humano. Miles de millones de neuronas forman nuevos núcleos y conexiones cada vez que se aprenden nuevas habilidades. Esto requiere la repetición de los procesos de aprendizaje, lo que permite a tu cerebro generar estas conexiones a un ritmo cada vez mayor.

El intercambio de información—parte fundamental de tu mente—entre la respuesta emocional y el pensamiento racional es clave para la inteligencia emocional. Desde un punto de vista biológico, una respuesta emocional se desencadena en la médula espinal. Esta respuesta tiene que viajar hasta el lóbulo frontal del cerebro para provocar una respuesta racional. Este trayecto pasa por el sistema límbico, donde las reacciones químicas—dependiendo de la situación—generan una respuesta emocional. Como puedes deducir, reaccionas incluso antes de que el lóbulo frontal de tu cerebro haya generado una respuesta racional. Una comunicación eficaz entre los centros de reacción emocional y racional de tu mente garantizará un alto grado de inteligencia emocional.

Así, el proceso repetitivo y la concepción de nuevas estrategias para desarrollar la inteligencia emocional permitirán que miles de millones de neuronas crezcan y evolucionen en la conexión entre el lóbulo frontal y la médula espinal. Al llenar este espacio, estas neuronas desarrollarán nuevas conexiones entre sí y crecerán como un árbol. Una sola neurona puede desarrollar hasta 15.000 ramas para conectarse con las células vecinas. La reacción en cadena hará que este ejercicio, el de inculcar la inteligencia emocional, se acelere. Con el entrenamiento adecuado, estos cambios biológicos harán que las acciones de la inteligencia emocional se arraiguen en su naturaleza y se conviertan en una respuesta instintiva y habitual, en definitiva, en un proceso que deja de ser razonado.

Por lo tanto, es imperativo que cada uno de nosotros trabaje en el desarrollo de una aptitud para la inteligencia emocional. Con una alta inteligencia emocional, tus habilidades de negociación mejorarán drásticamente, junto con una mejor comprensión de las personas. Además, aumentará tu empatía hacia los demás, lo que se traducirá en una respuesta positiva y cordial durante las negociaciones. La economía global ha acercado a muchas personas, tanto regional como culturalmente; por ello, la inteligencia emocional se ha convertido en la clave del éxito.

CAPÍTULO 2: CONEXIÓN CON LA INTELIGENCIA EMOCIONAL

La autopercepción es, en esencia, un reflejo de nuestro estado emocional, que se alinea con la forma en que percibimos e interpretamos las situaciones. Esto demuestra cómo los individuos construyen sus mentalidades y procesos cognitivos al observar, aprender y desarrollar opiniones a través de sus experiencias. Esta teoría es, por naturaleza, irracional, ya que nuestra forma habitual de pensar está influenciada por nuestras vivencias pasadas y nuestra educación. Además, esta teoría sugiere que los individuos generan mentalidades sin llegar a una comprensión profunda de sí mismos ni de sus estados emocionales. Tendemos a abordar nuestro comportamiento desde una perspectiva racional, lo que también influye en nuestra percepción del comportamiento de los demás. La autoobservación es un ejercicio de autoconciencia y autoconocimiento. Daniel Goleman la describió como la "piedra angular" de la inteligencia emocional. Por lo tanto, en este capítulo, exploraremos cómo implementar la herramienta más importante, recomendada por los expertos en psicología, en nuestras vidas, para facilitar una transformación hacia un futuro mejor.

Cuando percibes y comprendes tus sentimientos, tienes el poder de controlarlos. Este tipo de autoobservación dificulta que tus emociones te dominen, a menos que les des poder.

No somos prisioneros del destino, sino de nuestra propia personalidad y mentalidad. El conocimiento de Roosevelt, difundido por pensadores pioneros, se centra en una vía de escape hacia la libertad emocional. Puedes optar por no reaccionar impulsivamente ante los acontecimientos y sentimientos, y comprender cómo elegir tus respuestas ante cada situación. Por ejemplo, en la serie de televisión "Prison Break", Michael Scofield se liberó de su prisión mental al enfrentarse a sus percepciones en lugar de evadirlas. La oportunidad de elegir tu reacción, en lugar de ser esclavo de ella, es el resultado de encontrar y seguir una estrategia adecuada. En este contexto, la estructura y la estrategia adecuada eres tú. Necesitas conocerte a ti mismo.

¿Qué ocurre cuando la autopercepción se combina con la inteligencia emocional?

El conocimiento emocional abarca cuatro habilidades esenciales: Autopercepción/Discernimiento, Autorregulación, Gestión de Relaciones y Conciencia.

Aquí nos centraremos en la Autopercepción, que es la capacidad de reconocer los propios sentimientos y conocer nuestras cualidades y limitaciones. Este es el primer espacio de conocimiento fundamental propuesto por Daniel Goleman.

Conocerse a uno mismo

Antes de experimentar mejoras personales, es crucial entender en qué aspectos necesitas trabajar. El autoconocimiento implica la capacidad de reconocer las emociones que experimentas y comprender los sentimientos asociados a ellas. Ante situaciones inesperadas, es esencial aislarte para percibir y dominar mejor tus emociones. Este concepto es básico; no permitas que tus acciones se vean influenciadas por la decepción o la indignación.

Cuando eres consciente de tus capacidades y limitaciones, tienes mayor seguridad en lo que puedes y no puedes hacer. Las personas seguras de sí mismas confían más en sus convicciones. Ser empático no significa simplemente actuar a tu manera, sino comunicar tus consideraciones y pensamientos de manera intencionada, legitimando por qué crees en una opción específica y por qué la consideras correcta.

Como indica Daniel Goleman, las capacidades asociadas a la autoidentificación son:

- Autoidentificación entusiasta: reconocer tus sentimientos y el impacto que tienen en tu vida.
- Autoestima precisa: distinguir tus cualidades y limitaciones.
- Autoeficacia: conocer la confianza que tienes en ti mismo y en tus habilidades.

Desarrollar la autopercepción

Necesitas prestarte más atención y sentirte más profundamente. Debes invertir energía en identificar espacios que necesitas crear para ti, o potenciar esta parte de ti, si ya la posees. En definitiva, ¿cómo podrías ser más consciente de tus cualidades y áreas de mejora? Podrías:

- Autoevaluarte: ¿Cuáles crees que son tus cualidades?
- Pedir opiniones a otros: Interésate por escuchar lo que los demás piensan de ti.
- Realizar una prueba de evaluación formal: Puede ser una prueba de identidad o para conocer tus cualidades, aptitudes y habilidades.

Además de combinar las tres opciones mencionadas, considera lo siguiente: Intenta llevar un diario de tus emociones. Documenta lo que experimentas, cómo te sientes y cómo reaccionas. ¿Cuál es tu reacción física? Por ejemplo, ¿se te acelera el corazón, sientes tensión en el cuello y los hombros? Anota todo y registra el estado de cada parte de tu cuerpo. Puedes pensar en diversos roles que desempeñas: hermano, hermana, representante, cónyuge, madre, padre, deportista o amigo. Los sentimientos que podrías imaginar para cada papel pueden variar entre felicidad, amargura o ansiedad.

Anticipa cómo te sentirás

Reflexiona sobre la situación en la que te encuentras y anticipa cómo podrías sentirte. Trabaja para nombrar y tolerar tus emociones. Puedes decir: "Puede que me enfade" o "Puede que me sienta abrumado". Nombrar una emoción te ayudará a gestionar los sentimientos negativos. Intenta elegir la reacción adecuada para cada situación, en lugar de simplemente dejarte llevar.

Las personas emocionalmente inteligentes dedican tiempo a la autoobservación y a la reflexión. Una forma de abordar esto es meditar o reflexionar diariamente. Deberías comenzar a trabajar en esto de inmediato, buscando un espacio tranquilo en un momento determinado del día. Tómate un descanso y dedica tiempo a ti mismo; prueba diferentes ejercicios y concéntrate en alcanzar un estado que abra tu mente y relaje tu alma.

Valores y creencias

Los valores son normas, principios éticos y morales que guían nuestra vida. Conocer tus valores es esencial para el autocuidado. Si conoces tus cualidades, significa que sigues un camino bien definido. Puedes estar dispuesto y confiado, porque sabes hacia dónde te diriges, cuál es tu meta y que tienes fe en ti mismo. Estarás más relajado y satisfecho sabiendo que vas por el buen camino.

Opiniones

Prestar atención a las opiniones que tenemos de los demás es fundamental para la conciencia emocional. La autoconciencia también implica no ignorar nuestras propias opiniones; pueden ser positivas o negativas. Las opiniones negativas pueden incluir pensamientos como "me pasarán cosas terribles" o "no sé lo suficiente para emprender". Por otro lado, las opiniones constructivas pueden abarcar pensamientos como "si sigo intentándolo, seguro que obtendré resultados" o "las personas, en esencia, somos maravillosas".

Haz que funcione

Dedica tiempo a reflexionar sobre las evaluaciones que has realizado anteriormente. ¿Considerarías hacer otra? Puede estar relacionada con el trabajo o con algo que hayas hecho en casa. ¿Cuáles fueron tus principales pensamientos sobre tu capacidad para completarlo? Si tus pensamientos fueron positivos, ¿cómo te ayudaron a lograrlo?

Si tus consideraciones iniciales fueron negativas, no te preocupes. Invierte un poco más de energía en reflexionar sobre cómo te hacen sentir estas ideas respecto a la tarea y tu capacidad para llevarla a cabo. ¿Cómo podrías modificar esta percepción la próxima vez? Dedica un minuto a anotar un pensamiento positivo que puedas recordar la próxima vez.

Las creencias que tenemos sobre nosotros mismos son vitales, ya que determinan nuestro comportamiento. La percepción de nosotros mismos es esencial para el desarrollo de la inteligencia emocional. Conocernos es un viaje continuo. Cuanto más aumentemos nuestra capacidad de autoobservación, más enriqueceremos nuestra experiencia de vida, abriremos la puerta a un futuro mejor, tomaremos conciencia de nuestras emociones y mejoraremos nuestra capacidad de adaptación al cambio. Y no solo eso: también incrementaremos nuestra inteligencia emocional, que es directamente proporcional a este crecimiento.

CAPÍTULO 3: MIRANDO DENTRO DEL CEREBRO

Básicamente, ¿qué sería de un libro sobre inteligencia emocional si no tratara de comprender, ante todo, dónde se originan las emociones? Los sentimientos, por supuesto, se generan en el cerebro, como gran parte de lo que nos hace humanos. El cerebro es fundamental para todas las acciones de las personas y actúa como el procesador esencial del cuerpo humano. Sin el cerebro, nada existiría.

Comprender la biología del cerebro

El cerebro funciona como un ordenador dentro del cuerpo y es responsable de las funciones ejecutivas, así como de las funciones inconscientes sobre las que no tenemos control. Opera a través de las neuronas, que son las células nerviosas que componen el cerebro y el sistema nervioso.

Estas neuronas controlan todo mediante sus interacciones, conocidas como sinapsis. Las sinapsis transfieren impulsos de una neurona a otra a través de neurotransmisores, pequeñas sustancias químicas que se encuentran en el cerebro. Cada uno de estos elementos es crucial para entender el cerebro y sus funciones desde una perspectiva estructural.

En esencia, todo lo que haces y sientes se puede atribuir a estos neurotransmisores y a los impulsos eléctricos que liberan.

Neuronas

En pocas palabras, las neuronas son las células que procesan la información dentro del cerebro. Son responsables de comunicar y procesar todo con lo que interactúas y todo lo que sientes. Transmiten los mensajes que informan al cerebro lo que ven tus ojos o lo que tocan tus manos, y tu cerebro traduce e interpreta esos mensajes a través de otras neuronas.

Debido a su estructura, con diversas terminaciones en cada una, en un mismo instante se envía un mensaje a múltiples fuentes.

Estas dendritas, es decir, los extremos de los nervios que más comúnmente se desprenden, tocan las ramas de otra neurona, que también constituyen la parte inicial de una nueva neurona. La neurona activada envía un neurotransmisor a través de las dendritas hacia las ramas terminales, lo que desencadena la activación del nervio y permite seguir transmitiendo el mensaje.

Neurotransmisores

Los neurotransmisores son las sustancias químicas que utilizan las neuronas para intercambiar mensajes, como su propio nombre indica. Existen varias sustancias químicas, cada una conectada a un extremo que encaja específicamente con ellas. Cuando un neurotransmisor se adapta perfectamente, activa la nueva neurona a la que se ha transmitido.

Estos neurotransmisores pueden inhibir o ralentizar la función de una neurona o, por el contrario, estimularla. Cuando una neurona está sobreestimulada, puede continuar activándose a un ritmo mayor, mientras que, si está inhibida, ralentiza el periodo de reposo entre activaciones. La dopamina, la epinefrina (o adrenalina) y la serotonina son algunos de los neurotransmisores más conocidos del cuerpo humano.

Sinapsis

La sinapsis es la transmisión de una señal eléctrica o química a través de neurotransmisores. La sinapsis ocurre desde la dendrita de una neurona para activar la siguiente. Sin esta sinapsis, no habría comunicación entre las neuronas del cerebro.

Las partes del cerebro

Con un conocimiento funcional de cómo se comunica el cerebro (al menos a un nivel básico), también puedes comenzar a observar las distintas partes del cerebro, que generalmente se dividen en tres secciones principales: el telencéfalo, el cerebelo y el tronco encefálico. Cada una de estas partes es responsable de diferentes funciones y se ha desarrollado a lo largo de la evolución. Se sabe que muchos animales primitivos tenían un cerebro menos avanzado, careciendo de gran parte del telencéfalo, y que estos animales existen, más o menos, de manera funcional sin tener realmente conciencia de sí mismos.

Telencéfalo

El telencéfalo es la parte frontal del cerebro y se divide en dos hemisferios. Los hemisferios izquierdo y derecho del cerebro se comunican a través del cuerpo calloso; sin él, ambas áreas del cerebro no podrían comunicarse como lo hacen la mayoría de las personas. El telencéfalo es el principal responsable de las funciones ejecutivas y de aquellas sobre las que se tiene control total, así como de la comprensión de la información sensorial.

Esta parte del cerebro es crucial para el juicio, la resolución de problemas, el razonamiento, las emociones, el aprendizaje y mucho más, lo que la hace increíblemente relevante para la inteligencia emocional.

Tronco encefálico

El tronco encefálico está formado por el núcleo del

encéfalo y es responsable de movimientos y acciones involuntarias, como los latidos del corazón, la respiración, los estornudos, la deglución y más. Es la parte del cerebro que te mantiene vivo.

Cerebelo

Es la parte posterior del cerebro y la más primitiva, desde un punto de vista evolutivo. Se encarga de mantener el movimiento, el equilibrio y la postura.

Lóbulos del cerebro

Cada hemisferio del cerebro tiene cuatro lóbulos distintos, cada uno con una función diferente. Todas estas funciones son esenciales para el funcionamiento y nuestra vida como seres humanos. Regulan las emociones, las funciones cognitivas, los sentidos, la memoria y más. Es posible dañar parte de un lóbulo y observar cómo el déficit afecta las capacidades que ese lóbulo específico controla.

Lóbulo occipital

El lóbulo occipital está situado en la parte posterior del cerebro y es responsable del procesamiento visual. Principalmente, esta sección se dedica a procesar la información relacionada con la vista. Puede diferenciar colores, percibir movimiento y más.

Lóbulo parietal

Inmediatamente por encima del lóbulo occipital se encuentra el lóbulo parietal, también responsable de diversos procesos sensoriales. Esta sección del cerebro procesa el tacto, el movimiento, el dolor, la temperatura corporal y más, albergando la mayoría de las áreas implicadas en el procesamiento del lenguaje.

Lóbulo temporal

El lóbulo temporal está situado en un lado del cerebro y es responsable del procesamiento y almacenamiento de la memoria, la comprensión del lenguaje e incluso las emociones. Esta parte del cerebro también se encarga de comprender estímulos auditivos, así como de la comprensión del lenguaje. Dentro de él se encuentra el área conocida como "de Wernicke", que es esencial para comprender el habla de los demás.

Lóbulo frontal

En la parte frontal del cerebro, justo en la frente, se encuentra el lóbulo frontal (su nombre indica su ubicación). Este lóbulo es responsable de las acciones y de su comprensión; permite entender y decidir qué hacer en cada momento.

La corteza frontal otorga al ser humano la capacidad de razonar y regular impulsos emocionales e instintos.

Partes del cerebro relacionadas con las emociones y la comunicación

Con un conocimiento general de la estructura básica de los hemisferios cerebrales, ahora puedes empezar a examinar las partes más importantes para las emociones y la comunicación. Cada una de estas áreas es crucial para la regulación emocional y, aunque son principalmente estructuras pequeñas, desempeñan papeles fundamentales en las emociones humanas y, por lo tanto, también en la inteligencia emocional.

Amígdala

La amígdala es la principal responsable de las emociones humanas, incluidas muchas que podrían parecer contradictorias. ¿Te has enamorado recientemente? La responsable es la amígdala. ¿Has sentido miedo? Nuevamente, es la amígdala. El deseo sexual también está regulado por ella. Muchos experimentos han demostrado que activar la amígdala frecuentemente puede provocar un estado intenso de agresividad, mientras que eliminarla por completo llevaría a una indiferencia total.

Hipocampo

El hipocampo es la parte del cerebro que procesa la memoria. Esta sección envía información relacionada con la memoria a la amígdala, y juntas crean reacciones emocionales a los recuerdos. El hipocampo trabaja en tándem con la amígdala; por eso, cuando recuerdas las galletas de chocolate de tu abuela, sientes una sensación de calidez y nostalgia, o cuando rememoras aquella vez que atropellaste a un reno, experimentas un profundo miedo.

Gracias a la comunicación entre el hipocampo y la amígdala, tus emociones y recuerdos están sincronizados. Este hecho también es relevante en personas que sufren trastorno de estrés postraumático o en quienes asocian fuertes respuestas emocionales con recuerdos traumáticos o acontecimientos que desencadenan esos recuerdos.

Corteza prefrontal

Esta es la porción más grande del córtex frontal y es la principal responsable de regular las emociones. Si la amígdala y el hipocampo son los principales responsables de las emociones, la corteza prefrontal se asocia con la inteligencia emocional. Cuanto más se utiliza la corteza prefrontal, más fuerte se vuelve y más capaz es de controlar los impulsos emocionales. Esta parte del cerebro tarda décadas en desarrollarse, lo que explica por qué los niños y adolescentes son tan fácilmente influenciados por las emociones.

Hipotálamo

El hipotálamo también está conectado con la amígdala; le envía información para regular las emociones que esta le devuelve. Es capaz de regular el grado de ira o placer que se siente, asegurándose de que no se reaccione de manera exagerada o se responda de forma débil ante un estímulo, en función de la situación y el entorno.

Giro del Cíngulo

En primer lugar, el giro del cíngulo (circunvolución cingulada) es una vía de conexión entre el tálamo y el hipocampo. Su función principal es intervenir en la regulación y almacenamiento de eventos con carga emocional. Habitualmente, esta parte del cerebro activa el resto del sistema nervioso ante un acontecimiento significativo y, en consecuencia, envía la señal al hipocampo para almacenar la memoria, en coordinación con el tálamo. Este proceso añade una dimensión emocional al evento y garantiza que el recuerdo quede marcado emocionalmente, gracias también a la activación del hipocampo.

Área Tegmental Ventral

Esta región cerebral se encarga principalmente de la regulación del placer y las sensaciones personales. Es completamente responsable de la cantidad de placer que experimenta una persona a través de una serie de reacciones químicas relacionadas con la dopamina. Los receptores de dopamina en esta área se activan cada vez que se recibe un estímulo placentero. Cuando una persona experimenta felicidad o amor, esta sección del cerebro se activa, incentivando a repetir los comportamientos que originaron esos sentimientos. Si el individuo realiza actividades placenteras, como mantener relaciones sexuales o consumir alimentos que satisfacen sus necesidades nutricionales en un momento dado, esta región cerebral se activa. De manera similar, esta zona es también la principal en ser estimulada por el uso de drogas que buscan generar sensaciones de euforia. A medida que la dopamina fluye hacia esta área, todo el cuerpo experimenta un incremento en la sensación de placer.

CAPÍTULO 4: CÓMO CALCULAR
TU QE

Una vez analizada la importancia de tener un QE elevado, planteémonos otra pregunta crucial: ¿cómo se calcula el QE?

Existen diversas pruebas para medir la inteligencia emocional (IE) individual. Sin embargo, independientemente de la prueba elegida, el enfoque común es evaluar la IE a partir de tres habilidades fundamentales: la conciencia emocional, la utilización emocional y la gestión emocional. La conciencia emocional se refiere a la capacidad de una persona para identificar con precisión no solo sus propias emociones, sino también las de los demás. La utilización emocional implica la capacidad de aplicar las emociones de manera efectiva en actividades como la resolución de problemas o la reflexión. Por último, la gestión emocional se refiere a la habilidad de regular tanto las propias emociones como las de los demás.

Para determinar en qué medida un individuo posee

estas tres habilidades básicas, deberá responder a una serie de preguntas. A diferencia de las pruebas de coeficiente intelectual (CI), las evaluaciones de inteligencia emocional no tienen respuestas objetivamente correctas. En el mejor de los casos, realizar una evaluación de inteligencia emocional significa seleccionar las respuestas más adecuadas según las circunstancias específicas.

Dicho esto, para calcular la inteligencia emocional de un individuo, se le plantearán una serie de preguntas con el objetivo de estimar su reacción ante situaciones de la vida real, específicamente:

- Cómo reacciona una persona ante el estrés y la frustración.
- Cómo afronta el fracaso y la desmotivación.
- Cómo maneja una persona los roles de liderazgo o los intentos de alcanzar el éxito.
- Cómo controla sus propias emociones y las de los demás.
- Cómo evalúa las emociones ajenas.
- Cómo se relaciona con la diversidad y otros temas sensibles desde una perspectiva cultural.

Las preguntas que se formularán suelen variar de una prueba a otra, pero todas están diseñadas para determinar el comportamiento del individuo en las situaciones mencionadas.

El rango más alto de EQ se sitúa entre 90 y 100, y la

puntuación perfecta se establece en 160. Si deseas averiguar tu inteligencia emocional, hay varios tests disponibles en línea, algunos de los cuales han sido desarrollados por departamentos de psicología de universidades reconocidas. Sin embargo, si buscas una evaluación más precisa o una interpretación más detallada de los resultados, lo mejor es acudir a un profesional. Psicólogos y psiquiatras pueden ofrecerte una evaluación por un costo, o puedes consultar en la universidad local si ofrecen este tipo de servicios. La prueba es fácil de administrar, y muchas universidades también la realizan de forma gratuita.

CAPÍTULO 5: ALTA INTELIGENCIA EMOCIONAL

Para comprender mejor la inteligencia emocional, analicemos cada una de las nueve características de la alta inteligencia emocional.

1. Conocer sus puntos fuertes y débiles

La primera característica de una alta inteligencia emocional es conocer tus puntos fuertes y débiles. Este aspecto, en esencia, deriva del autoconocimiento y es vital para establecer expectativas sobre uno mismo de forma precisa y razonable. Las personas que son conscientes de sus fortalezas y debilidades son capaces de esforzarse más allá de sus límites sin quemarse ni frustrarse. Además, suelen tener confianza en sí mismas sin caer en la arrogancia. Conocer los puntos fuertes permite desarrollar la autoestima y la confianza personal. Una persona que sabe en qué es buena sabe también cuándo es mejor rendirse ante un reto. Sin embargo, el reconocimiento de las propias fortalezas puede llevar a la arrogancia si no se equilibran con el conocimiento de las debilidades. Al tener una visión objetiva de sus defectos, uno puede ejercer humildad junto con confianza. Además, quienes son conscientes de sus limitaciones son menos propensos a frustrarse por sus fracasos. Saben cuándo avanzar y cuándo detenerse.

Por ejemplo: supongamos que Juan es un buen escritor de prosa, especialmente en relatos cortos. Sin embargo, siempre ha tenido el objetivo de publicar una novela y comienza a escribirla. Cuando finalmente presenta su novela a las editoriales, su propuesta es rechazada. Como sabe que es bueno escribiendo prosa, sigue escribiendo y reescribiendo sus relatos, pidiendo opiniones a editores y amigos, y luego vuelve a enviarla a la editorial. Continúa, tenazmente, porque conoce sus fortalezas y reconoce que tiene margen de mejora. Supongamos que Juan ha intentado escribir poesía e incluso ha asistido a un seminario. Sin embargo, la respuesta constante que recibe es que no es lo suficientemente bueno. En lugar de sentirse abatido y frustrado, maneja la situación con serenidad, sabiendo que la poesía nunca fue su fuerte, pero al menos lo intentó.

2. Tener un rico vocabulario emocional

Otra faceta de la inteligencia emocional es poseer un vocabulario emocional amplio. Como sugiere el término, el vocabulario emocional se refiere a las palabras que usamos para describir nuestras emociones. Tener las palabras adecuadas para expresar nuestros sentimientos nos permite comprender y gestionar nuestras emociones de manera más efectiva. Los estudios de psicología cognitiva revelan que disponer del vocabulario adecuado para describir experiencias permite al hablante identificar y comprender diferencias sutiles. Para ilustrar este concepto, consideremos el siguiente ejemplo. ¿Alguna vez has oído el estereotipo de que los hombres ven menos colores que las mujeres? Psicológicamente, esto no debería ser posible. Sin embargo, como muchos hombres no están acostumbrados a prestar atención a ciertos detalles, tienden a carecer del vocabulario necesario para diferenciar, por ejemplo, el cian del turquesa, y por ende, no notan la diferencia entre ambos colores.

Ahora, traslademos este ejemplo al vocabulario emocional. Las emociones tienen distintos grados de expresión. Simplificar en exceso y agrupar las emociones puede tanto enfatizar como minimizar el estado emocional de una persona. Por ejemplo, la ira no es una emoción unívoca. Funciona a lo largo de un espectro y tiene varios grados de expresión. La ira puede manifestarse como irritación, impaciencia, disgusto o molestia. En el extremo opuesto, también puede ser intensa, como en el caso de la hostilidad, agresión o desprecio. Estas emociones, aunque todas están relacionadas con la ira, representan mundos distintos.

Para ilustrarlo: supongamos que Juan y Pedro se encuentran durante la pausa del café. Juan, que posee un vocabulario emocional rico, se enfada, pero no le da mayor importancia. Reconoce que las circunstancias son solo una molestia. Pedro, en cambio, no tiene un vocabulario emocional desarrollado y solo sabe que está molesto. Aunque las situaciones de Juan y Pedro son similares, sus reacciones difieren debido a su capacidad para reconocer sus emociones.

3. Practicar la autosuficiencia emocional

Otro aspecto de la inteligencia emocional es la autosuficiencia emocional. La autosuficiencia, en términos sencillos, es un estado de seguridad y satisfacción con uno mismo. Es una forma de sentirse bien, una sensación general de bienestar.

Una persona emocionalmente autosuficiente es aquella que está en paz consigo misma, alguien que no necesita a los demás para alcanzar el equilibrio emocional. Sin embargo, es importante aclarar que las personas autosuficientes no se distancian de los demás ni se consideran superiores. De hecho, suelen mantener relaciones más saludables con los demás.

Cuando hablamos de practicar la autosuficiencia emocional, nos referimos a la capacidad de hacerse cargo de las propias emociones y sentimientos, en lugar de buscar constantemente la validación de los demás. Las personas emocionalmente autosuficientes tienen una sensación de plenitud porque toman las riendas de su propia felicidad. No trasladan la carga de su estabilidad emocional a otros. Al sentirse emocionalmente seguras, pueden conectar más fácilmente con los demás, son más receptivas a las críticas y no se sienten mal si a veces son ignoradas. Esto les permite establecer conexiones significativas.

Tomemos el ejemplo de Juan y sus cafés. Juan, siendo emocionalmente autosuficiente, asume su responsabilidad y se calma. Está molesto, pero no se deja llevar, reconociendo que depende de él mantener una actitud positiva. No pierde la calma esperando que alguien más lo tranquilice. En cambio, intenta identificar lo que siente, comprender su significado y actuar en consecuencia.

4. Ser flexible y no temer al cambio

Todos hemos oído que lo único constante en la vida es el cambio, y efectivamente, lo es. Reaccionar ante el cambio es una cualidad esencial en el desarrollo de una alta inteligencia emocional.

Las personas con alta inteligencia emocional están bien preparadas para afrontar el cambio. Primero, saben aceptarlo y enfrentarse a él. Segundo, son lo suficientemente flexibles para adaptarse a nuevas situaciones. El ser humano tiende a preferir lo familiar; después de todo, lo conocido brinda confort. Lanzarse a algo nuevo—una persona, una situación— puede resultar desconcertante o incluso desagradable. Pero no te preocupes, ya que es una reacción normal.

Es comprensible que un cambio drástico altere tu vida. Sin embargo, la clave está en cómo enfrentas esos cambios. Mientras que una persona con baja inteligencia emocional se deja llevar por las circunstancias, alguien con alta inteligencia emocional hace todo lo posible por aceptarlas. Esto nos lleva de nuevo a la flexibilidad.

La flexibilidad permite a una persona no solo reaccionar, sino también adaptarse al cambio. Las personas con alta inteligencia emocional tienden a prosperar en tiempos de grandes cambios, ya que saben modificar su estilo de vida y comportamiento para ajustarse a las nuevas circunstancias. En lugar de desperdiciar su energía emocional molestándose por el cambio, buscan nuevas formas de integrarlo en sus vidas. Reconocen que la tenacidad no siempre es suficiente y que a veces deben rendirse ante situaciones que escapan a su control. En cierto modo, su falta de miedo al cambio proviene de una comprensión profunda: si bien no pueden controlar su entorno, pueden gestionar sus emociones internas.

5. Aprender a decir no (a uno mismo y a los demás)

Muchas personas consideran que decir "no" es complicado, especialmente porque implica un rechazo y puede sonar hostil. Sin embargo, aprender a decir "no", tanto a los demás como a uno mismo, puede aliviar significativamente la carga emocional y prevenir el estrés. Por eso, quienes tienen alta inteligencia emocional saben cuándo decir "sí" y salir de su zona de confort, y cuándo es necesario decir "no".

Empecemos por decir "no" a nosotros mismos. Negarse a uno mismo no significa privarse de cosas que se desean o que traen felicidad. Implica reflexionar sobre nuestras acciones y reconocer cuándo es mejor detenerse. Para aprender cuándo es correcto decir "no", hay que evitar impulsos destructivos, como el descontrol en la alimentación, salir hasta tarde repetidamente o caer en la autocompasión. Decir "no" a los demás es una habilidad igualmente importante, relacionada con la práctica emocional de la autosuficiencia y la autoconciencia. Los seres humanos, en general, tienden a buscar aprobación, esforzándose por ser complacientes con los demás. Aunque ser complaciente puede ser saludable de vez en cuando, hacerlo con frecuencia genera fatiga y puede llevar a descuidar nuestras propias necesidades por el bienestar de otros. Esto resulta en insatisfacción y resentimiento.

Por lo tanto, las personas con alta inteligencia emocional son capaces de discernir oportunidades de crecimiento personal y evitar comportamientos compulsivos solo para obtener la aprobación de los demás.

6. Ser difíciles de ofender (conocer la diferencia entre aceptar una broma y ser humillado)

Tener sentido del humor no solo es un signo de alta inteligencia, sino también de alta inteligencia emocional. Los individuos emocionalmente inteligentes saben cómo manejar las situaciones con ligereza y reírse de las cosas, lo que les permite reaccionar mejor ante las críticas.

Por ello, es difícil ofender a las personas con alta inteligencia emocional. Esto no significa que se dejen humillar; eso sería un signo de baja autoestima. Por el contrario, estas personas son seguras de sí mismas. Pueden aceptar críticas y comentarios justos sobre su carácter. En lugar de tomarse las críticas de forma personal, las ven como oportunidades para mejorar y perfeccionarse. Son capaces de evaluar sus imperfecciones objetivamente, sin ser innecesariamente críticos consigo mismos. Por ejemplo, supongamos que Juan presenta un proyecto en su trabajo. Un colega realiza un comentario que puede considerarse ofensivo. Juan, sin embargo, no lo toma como una ofensa personal. Se ríe de la situación y decide abordarla de manera constructiva. Las personas que no tienen habilidades emocionales a menudo se ofenden y se sienten heridas por comentarios que no se dirigen a ellas. A veces incluso entran en un bucle de autocrítica y autocompasión.

7. No guardes rencores

Si alguna vez has guardado rencor (y estoy seguro de que lo has hecho al menos una vez), sabrás perfectamente lo agotador que puede ser a nivel emocional. Guardar rencor impide que una persona se dedique a actividades más productivas, ya que está demasiado ocupada alimentando emociones negativas.

Las personas con un alto EQ no son lo suficientemente ingenuas como para guardar rencor. Nuevamente, esto no significa que simplemente perdonen y olviden; ten en cuenta que este podría ser un comportamiento potencialmente dañino, ya que impide aprender de los errores y procesar las emociones de manera adecuada. En su lugar, no guardar rencor implica tomar conciencia de la gravedad de la situación, procesar los sentimientos y aprender de ellos, pero sin permanecer en un estado emocional tan negativo que pueda convertirse en un obstáculo para el resto de la vida. Por esta razón, las personas con un alto EQ no buscan venganza. Más bien, reflexionan sobre lo sucedido y tratan –en la medida de lo posible– de aprender de la experiencia.

Para entender mejor este concepto, volvamos al caso del poema de Juan. Imaginemos que, pasado un tiempo, Juan se encuentra nuevamente con el estudiante que había criticado su poesía, pero esta vez en un seminario sobre escritura en prosa. En este seminario, se les pide que lean y evalúen los trabajos de sus compañeros, y ahora es el turno de Juan de criticar el trabajo de este estudiante. En lugar de devolver la crítica de manera malintencionada como venganza por los comentarios que recibió sobre su poesía, Juan se mantiene objetivo y sereno, optando por ser imparcial en su evaluación. No le incomoda reencontrarse con el estudiante ni tenerlo cerca lo perturba. Como persona con un alto EQ, Juan elige conscientemente no guardar rencor hacia otro individuo.

8. Sé curioso acerca de otras personas

Cuando se habla de un alto EQ, la gente suele pensar en la relación que uno tiene consigo mismo. Sin embargo, la inteligencia emocional tiene tanto que ver con cómo nos conectamos con nosotros mismos como con cómo nos relacionamos con los demás. Por lo tanto, aquellos con un alto EQ son personas con una curiosidad genuina por los demás. Dicho esto, esto no significa que las personas con un alto EQ sean entrometidas. Más bien, están naturalmente interesadas en las emociones y experiencias de los demás y tienen una inclinación innata hacia la curiosidad.

Si alguna vez te has preguntado cómo algunas personas logran impresionar a todos los que las rodean, incluso a aquellos que acaban de conocer, la respuesta podría ser su curiosidad por las personas. Aquellos con un alto EQ son capaces de atraer a otros mostrando un interés auténtico en ellos. Después de todo, a los seres humanos, en general, les gusta recibir cierta atención. Las personas con un alto grado de EQ saben escuchar y, por lo tanto, suelen ser más empáticas. Esta curiosidad por los demás brinda a quienes tienen un alto EQ numerosas oportunidades para aprender y adquirir buenos hábitos de otras personas.

Además, esta curiosidad natural por los demás permite a las personas con un alto EQ tener una visión más amplia. En lugar de estar limitadas por su propio entorno social, vida o círculo cercano, son capaces de ampliar sus horizontes. Esto, a su vez, les permite desarrollar mecanismos de afrontamiento más saludables al observar cómo otras personas lidian con diversas circunstancias, aunque sea de manera indirecta. Al ser curiosas, las personas con inteligencia emocional se entrenan para adaptarse mejor a situaciones inusuales y para sentirse cómodas incluso en compañía de personas diferentes. Y, como desean interactuar con prácticamente todos, aprenden a gestionar mejor sus emociones y a no ofenderse fácilmente. Además, son más receptivas en general cuando se trata de aceptar las diferencias entre las personas.

9. Eres un buen juez de carácter

En conclusión, las personas con un alto coeficiente emocional (EQ) suelen ser buenas para juzgar el carácter, y esto se debe a varias razones. En primer lugar, las personas con un alto EQ tienen una autoconfianza increíble. Por lo tanto, tienden a comprender mejor por qué las personas actúan como lo hacen y poseen una visión bastante clara de las motivaciones que impulsan a las personas a comportarse de determinada manera. En segundo lugar, están en contacto con sus emociones. Dado que las personas con un alto EQ tienen un amplio vocabulario emocional, también pueden comprender más fácilmente a los demás. Son capaces de procesar y entender emociones complejas, tanto propias como ajenas. Para colmo, las personas con un EQ alto tienen una curiosidad innata por los demás, lo que las convierte en excelentes observadoras. Captan los matices del carácter de una persona, lo que les permite hacer valoraciones imparciales y precisas sobre el carácter de los demás.

Sin embargo, es importante señalar que existe una línea muy delgada entre ser bueno juzgando el carácter y ser moralista. El moralismo es un reflejo impulsivo, es decir, el juicio muchas veces carece de una base sólida. Por otro lado, ser un buen juez de carácter implica observar y comprender con detenimiento. Las personas que son capaces de juzgar bien el carácter de una persona tienden a ser empáticas y compasivas, en lugar de moralistas o apáticas.

Dicho esto, las personas con un alto EQ suelen ser menos propensas a caer víctimas de juegos mentales destructivos. No son fáciles de manipular. Esto se debe a que las personas con un alto EQ son capaces de gestionar sus emociones y ven a través de las intenciones de los demás, lo que les permite discernir rápidamente las verdaderas motivaciones de quienes les rodean. De esta manera, logran proteger sus emociones, evitando tolerar –inconscientemente– comportamientos manipuladores o emocionalmente gravosos por parte de los demás en un esfuerzo por ganarse su favor o, en el mejor de los casos, su aprobación.

Ejemplos de celebridades con alto EQ

Anteriormente en este capítulo, establecimos que más que un alto coeficiente intelectual, es un alto coeficiente emocional (EQ) lo que realmente determina las posibilidades de éxito de una persona. Te sugerí que pensaras en alguien que conoces, que quizá no haya sido el más inteligente de la clase, pero que, aun así, terminó teniendo éxito. Ahora bien, podrías estar pensando: "Claro, las personas con un alto EQ tienen éxito, pero ¿alguna vez podrán ser tan exitosas como esos genios que son prácticamente pioneros en los campos que han elegido?" La respuesta más sencilla es "Sí, pueden".

Tomemos el ejemplo de Ellen DeGeneres, una conocida comediante, famosa por su humor y carisma, así como por sus campañas de concientización; ella es el ejemplo perfecto de una persona con un alto coeficiente emocional. Esto se refleja en la manera en que combina con éxito la autoestima con el humor. Ellen se declaró abiertamente gay en una época en la que hacerlo podría haber sido muy perjudicial para la carrera de una celebridad. A pesar de haber enfrentado críticas, siempre ha mantenido su sentido del humor, gracias a su alta autoestima y confianza en sí misma.

Otro gran ejemplo de una celebridad con un alto coeficiente emocional es Matt Damon. A diferencia de sus habituales papeles de joven torpe o problemático, en la vida real Matt Damon es una persona con una inmensa estabilidad emocional. En primer lugar, es muy conocido por su labor filantrópica, ya que durante años ha apoyado diversas causas políticas y humanitarias. Además, tiene uno de los matrimonios más duraderos de Hollywood y algunas de las amistades más longevas con otras celebridades.

Asimismo, Oprah Winfrey es, sin duda, un ejemplo claro de inteligencia emocional. Oprah siempre ha sido percibida como una persona muy empática; posee una profunda capacidad para comprender a las personas y sus necesidades. A pesar de las adversidades que enfrentó desde una edad temprana, logró triunfar y convertirse en una de las filántropas más influyentes del mundo, inspirando y dando voz a innumerables personas.

Finalmente, tenemos a Stephen Colbert, uno de los presentadores de programas nocturnos más famosos de la televisión. El éxito de Colbert, en gran parte, se debe a su adaptabilidad como intérprete, lo que le permitió responder a los gustos de su público, a pesar de los cambios demográficos. De hecho, Colbert ha dejado su marca como un "artista nocturno" que siempre se las arregla para salir adelante e improvisar en tiempo real. Su adaptabilidad, flexibilidad y sentido del humor son un claro reflejo de su alto coeficiente emocional.

Como puedes ver, todas estas celebridades no son solo personas afortunadas o rostros bonitos en la televisión o en la pantalla grande. Sus éxitos se deben, en gran medida, a su alto coeficiente emocional y a su asombrosa capacidad para conectarse genuinamente con los demás.

CAPÍTULO 6: CEREBRO DERECHO FRENTE A CEREBRO IZQUIERDO

La teoría del predominio del hemisferio izquierdo sobre el derecho fue expuesta por primera vez por el psicobiólogo y premio Nobel Roger W. Sperry. Según Sperry, los seres humanos pueden clasificarse en función de si el hemisferio izquierdo o el derecho está más desarrollado, dependiendo de cuál de los dos hemisferios sea el más dominante. El lado dominante del cerebro se considera crucial para determinar la personalidad, los intereses y las capacidades de un individuo.

Se dice que las personas con el hemisferio izquierdo más desarrollado son más lógicas, analíticas y metódicas. Esto se debe a la asociación típica del lado izquierdo del cerebro con funciones más analíticas, como la lógica, el orden, el razonamiento lineal, las matemáticas, los hechos y la comunicación verbal. Por lo tanto, se considera que los individuos que destacan en materias matemáticas o científicas son aquellos que tienen el hemisferio izquierdo más desarrollado.

Por otro lado, los individuos que desarrollan el lado derecho del cerebro son percibidos como más creativos, artísticos y emocionales. Esto se debe a que el lado derecho del cerebro está asociado a procesos creativos como la intuición, la imaginación, el razonamiento holístico, las artes, el ritmo, la comunicación no verbal y la visualización. Mientras que los individuos con el hemisferio izquierdo más desarrollado tienden a recordarnos a científicos y matemáticos, los individuos con el hemisferio derecho más desarrollado son artistas e innovadores.

A pesar de la popularidad de la teoría del predominio del hemisferio izquierdo sobre el derecho, es importante recordar que el cerebro es un órgano complejo. Ciertamente, los hemisferios derecho e izquierdo se comunican entre sí y trabajan juntos para realizar diversas funciones. Tomar decisiones, por ejemplo, podría parecer una función exclusiva del hemisferio izquierdo del cerebro. Sin embargo, en realidad, implica a ambos hemisferios, lo que hace que no solo funcione el CI, sino también la Inteligencia Emocional (IE).

Para comprender mejor la importancia de conseguir que ambos lados del cerebro trabajen juntos, consideremos de nuevo el escenario de la sección anterior. Supongamos que Pedro, uno de los subordinados de Juan, comete un error en uno de los trabajos que le han asignado. A medida que se agotan los minutos,

Juan tiene que tomar una decisión: debe decidir si le pide a Pedro que rehaga el trabajo o se lo asigna a Pablo, otro miembro del equipo que trabaja mejor que Pedro. Si la decisión se basa únicamente en el coeficiente intelectual, la opción obvia sería encargar el trabajo a Pablo. Sin embargo, utilizando su Inteligencia Emocional, Juan se da cuenta de que asignar el trabajo a otro miembro del equipo podría enemistar a Pedro con él y alterar la dinámica del grupo. Por lo tanto, Juan decide dejar que Pedro haga el trabajo él mismo, pero con algo de ayuda de Pablo. Así, podemos ver, en esta situación, cómo el desarrollo de la IE ayuda a mejorar las funciones, no solo del cerebro derecho, sino también del izquierdo.

CAPÍTULO 7: LOS PRINCIPALES COMPONENTES DE LA INTELIGENCIA EMOCIONAL

Para mejorar realmente tus capacidades de inteligencia emocional, necesitas comprender mejor cada uno de tus talentos y observarlos en acción. Las capacidades de la inteligencia emocional se relacionan con dos competencias principales: la competencia personal y la competencia social. La competencia personal se refiere a tu autoestima y tus habilidades de autogestión, que se centran más en ti como individuo que en tu interacción con los demás. Esta competencia incluye tu capacidad para ser consciente de tus emociones y gestionar tu comportamiento y tus tendencias. Por otro lado, la competencia social abarca tu conciencia social y tu habilidad para gestionar las relaciones; implica comprender los estados de ánimo, comportamientos y motivaciones de los demás para mejorar la calidad de tus relaciones.

Autoconciencia

La autoconciencia es la capacidad de percibir con precisión tus propias emociones en el momento y de comprender tus inclinaciones en diversas circunstancias. Implica mantener bajo control algunas de tus reacciones típicas ante determinados eventos, desafíos y personas. Es fundamental tener un profundo conocimiento de tus propias inclinaciones, ya que esto te ayuda a captar rápidamente el significado de tus emociones. Un alto nivel de autoconciencia requiere una gran disposición para tolerar la incomodidad de enfocarse en emociones que podrían ser negativas.

La única forma de entender verdaderamente las emociones es dedicar tiempo a reflexionar sobre ellas, tratando de comprender de dónde provienen y por qué están presentes. Las emociones tienen un propósito, pues son reacciones a experiencias de tu vida; siempre vienen de algún lugar. Muchas veces, las emociones parecen surgir de la nada, por lo que es importante entender qué provoca una determinada reacción en ti. Las personas que pueden hacer esto son capaces de llegar rápidamente al núcleo de sus sentimientos. Las situaciones que generan emociones intensas siempre requerirán una reflexión más profunda, y este periodo prolongado de autorreflexión a menudo te limita en acciones de las que podrías arrepentirte.

Cuando hablamos de autoconciencia, no nos referimos a desenterrar algo profundo, secretos oscuros o motivaciones inconscientes, sino a desarrollar una comprensión clara y transparente de lo que te motiva. Las personas con una gran autoconciencia tienen claro lo que hacen bien, lo que les motiva y satisface, y, sobre todo, qué personas y situaciones les generan emociones positivas.

Lo sorprendente de la autoconciencia es que, al pensar en ella, puedes mejorar tu capacidad, aunque al principio gran parte de tu atención se centre en lo que consideras "errores". Ser consciente de uno mismo implica no temer a los "errores" emocionales, ya que te indican lo que deberías hacer de otra manera y te proporcionan el flujo constante de información que necesitas para entender cómo se desarrolla tu vida.

La autoconciencia es una habilidad fundamental; cuando la posees, facilita el uso de las demás habilidades de la inteligencia emocional. Cuanto más se desarrolla la autoconciencia, mayor es la satisfacción de las personas con su vida, definida como la capacidad de alcanzar sus objetivos tanto en el trabajo como en casa. La autoconciencia es tan crucial para el rendimiento laboral que el 83% de las personas con un alto nivel de autoconciencia son las que obtienen los mejores resultados. Solo el 2% de las personas con bajo rendimiento tienen un alto nivel de autoconciencia. ¿Cómo es posible? Cuando uno es consciente de sí mismo, es mucho más probable que busque las oportunidades adecuadas, se esfuerce en su trabajo y, quizás lo más importante, evite que sus emociones le frenen.

La necesidad de ser consciente de uno mismo nunca ha sido mayor. Impulsados por la idea errónea de que un psicólogo se ocupa exclusivamente de la patología, hemos asumido que debemos aprender sobre nosotros mismos solo en momentos de crisis. Tendemos a aferrarnos a lo que nos hace sentir seguros y a cerrarnos en aquellos momentos que nos resultan incómodos; sin embargo, es el conjunto de experiencias lo que nos ayuda. Cuanto más comprendemos tanto la belleza como las imperfecciones, más capaces somos de alcanzar todo nuestro potencial.

Autogestión

La autogestión es lo que ocurre cuando decides actuar o no. Depende de tu grado de autoconciencia y es la segunda parte fundamental de la competencia personal. La autogestión es la capacidad de utilizar la conciencia de tus emociones para mantenerte flexible y dirigir tu comportamiento hacia una dirección positiva. Esto significa gestionar tus reacciones emocionales ante situaciones y personas. Algunas emociones generan un miedo paralizante que puede enturbiar tanto tus pensamientos que crees que el mejor curso de acción no se encuentra en ninguna parte, mientras asumes que deberías hacer algo. En estos casos, la autogestión se manifiesta como tu capacidad para tolerar la incertidumbre, mientras exploras tus emociones y alternativas. Una vez que comprendas y te sientas cómodo con lo que estás experimentando, se te mostrará el mejor camino a seguir.

La autogestión es mucho más que simplemente resistirse a un comportamiento explosivo o problemático. La mayor dificultad a la que se enfrentan las personas es gestionar sus inclinaciones a lo largo del tiempo y aplicar sus talentos en diversas situaciones. Las oportunidades obvias y momentáneas de autocontrol (por ejemplo, "¡estoy enfadado con ese maldito perro!") son las más fáciles de identificar y gestionar. Los verdaderos resultados se obtienen cuando se posponen las necesidades inmediatas para perseguir objetivos más grandes e importantes. La consecución de estos objetivos a menudo se retrasa, lo que significa que tu dedicación y autogestión serán puestas a prueba una y otra vez. Aquellos que saben gestionarse mejor son capaces de seguir adelante sin desmoronarse. El éxito llega a quienes son capaces de poner en suspenso sus necesidades y gestionar constantemente sus inclinaciones.

Conciencia social

Como primer componente de la competencia social, la conciencia social es una habilidad fundamental. Esta capacidad implica darse cuenta de las emociones de los demás y comprender lo que realmente les sucede. A menudo, esto significa percibir lo que otras personas piensan y sienten, aunque tú no experimentes lo mismo. Es fácil dejarse llevar por tus propias emociones y olvidar considerar la perspectiva de los demás. La conciencia social te asegura mantenerte concentrado y absorber la información de manera crítica.

Escuchar y observar son los elementos esenciales de la conciencia social. Para escuchar bien y observar lo que ocurre a nuestro alrededor, debemos dejar de hacer muchas cosas que nos gustan. Necesitamos dejar de hablar, de realizar esos monólogos que nos pasan por la cabeza, de anticipar lo que otros van a decir y de pensar primero en lo que vamos a decir después. Se requiere práctica para mirar realmente a las personas mientras interactuamos con ellas, para formarnos una idea clara de lo que piensan y sienten. A veces, uno se siente como un antropólogo. Los antropólogos observan a los demás en su entorno natural sin que sus pensamientos o emociones perturben su observación. Esto es la conciencia social en estado puro. La diferencia es que no estarás a 100 metros de distancia, observando con prismáticos el desarrollo de los acontecimientos. Para ser socialmente consciente, tienes que reconocer y comprender las emociones de las personas cuando estás presente, en medio de la situación, mientras contribuyes a ella, siendo tú mismo un miembro astuto y consciente de la interacción.

Gestión de las relaciones

Aunque la gestión de las relaciones es el segundo componente de la competencia social, a menudo esta habilidad se basa en las capacidades de los tres primeros aspectos de la inteligencia emocional: autoconciencia, autogestión y conciencia social. La gestión de las relaciones es tu capacidad para utilizar la conciencia de tus emociones y las de los demás para gestionar con éxito las interacciones. Esto garantiza una comunicación clara y una gestión eficaz de los conflictos. La gestión de las relaciones también es el vínculo que se establece con los demás a lo largo del tiempo. Las personas que gestionan bien sus relaciones son capaces de ver las ventajas de relacionarse con los demás, incluso con aquellos que no les agradan. Las relaciones sólidas son algo que hay que buscar y valorar. Son el resultado de tu forma de entender a las personas, de cómo las tratas y de la historia que compartes con ellas.

Cuanto más débil sea la conexión que tengas con una persona, más difícil será hacerle entender tu punto de vista. Si quieres que la gente te escuche, debes practicar la gestión de relaciones y buscar beneficios en cada conexión, especialmente en las difíciles. La diferencia entre una interacción y una relación es la frecuencia. Esta se deriva de la calidad, la profundidad y el tiempo que pasas interactuando con otra persona.

La gestión de las relaciones es el mayor desafío para la mayoría de las personas en momentos de estrés. Considerando que más del 70% de las personas que evaluamos tienen dificultades para gestionar el estrés, es fácil entender por qué construir relaciones de calidad es un reto. Algunas de las situaciones más estresantes y exigentes se producen en el entorno laboral. Los conflictos en el trabajo tienden a agravarse cuando las personas evitan pasivamente los problemas, porque carecen de las habilidades necesarias para iniciar una conversación directa, aunque constructiva. En el trabajo, los conflictos tienden a estallar cuando las personas no gestionan su ira y frustración y optan por desquitarse con los demás. La gestión de las relaciones te proporciona las habilidades necesarias para evitar ambas situaciones y te ayuda a aprovechar al máximo cada interacción que tengas con otra persona.

CAPÍTULO 8: AUTORREGULACIÓN FRENTE A AUTOCONTROL

Los niños deben aprender a gestionar sus emociones de forma habitual en un entorno seguro y alentador. Sin embargo, los adultos deben aprender a controlar sus emociones de manera autónoma y poseer un alto nivel de autocontrol para funcionar como individuos productivos en la sociedad. En particular, un adulto debe afrontar las consecuencias de las emociones negativas que lo abruman y desaniman con facilidad, como la ira, la ansiedad y la frustración, con el fin de prevenir reacciones que puedan desembocar en comportamientos inapropiados. La autorregulación permite a una persona reconocer los estímulos que la llevan a actuar según sus emociones y le ayuda a mantenerlas bajo control, reaccionando de manera adecuada en diferentes situaciones.

Existen varias técnicas que una persona puede utilizar para mejorar en esta área del bienestar emocional; entre ellas se encuentran la meditación, la atención plena (mindfulness) y otras modalidades de gestión del estrés. A través de la regulación emocional, una persona aprende a reducir la intensidad de la experiencia emocional. Por ejemplo, alguien afligido por el fallecimiento de un ser querido puede evocar un recuerdo feliz que le ayude a sobrellevar la tristeza. Otra posibilidad es que una persona enfadada intente centrarse en pensamientos alegres o divertidos que le ayuden a reírse de la situación. La regulación emocional implica un elemento distractor que permite a la persona superar la situación presente y ayudarle a reaccionar adecuadamente. También se conoce como "subregulación", que es muy útil para mantener las emociones bajo control, calmar y aliviar a alguien para que reaccione de manera constructiva.

Además, la regulación emocional es esencial para controlar comportamientos compulsivos, como el gasto excesivo de dinero. Todos conocemos a alguien que compra impulsivamente por Internet y pierde dinero por haber gastado demasiado. Muchos hemos experimentado la misma emoción al recibir un cheque y querer comprar algo inmediatamente después. La regulación emocional ayuda a reconocer este tipo de exaltación y a reaccionar adecuadamente, evitando hábitos financieros perjudiciales. Si reconoces que necesitas pagar las facturas y no puedes permitirte gastar más, puedes evitar comprarte un bolso o un par de zapatos nuevos.

Por otro lado, está la sobrerregulación de las emociones, que enfatiza las emociones en determinadas situaciones, incluidos momentos de angustia, como cuando uno está cerca de un incendio o en una situación peligrosa. Este tipo de regulación es esencial cuando surge un peligro y desencadena una reacción de "lucha o huida". Este desencadenante se desarrolla para proporcionar al individuo un nivel de ansiedad o excitación que le permita responder a la situación para poder escapar o ayudar a otros.

Ejemplo de autorregulación

Nancy era una persona irritable. Era una auxiliar administrativa muy trabajadora que hacía su trabajo a un alto nivel, pero siempre se sentía inadecuada y tenía la impresión de que podía dar más. Se convirtió en una adicta al trabajo, ocupándose constantemente de proyectos y sin parar ni siquiera por la noche. Todos los días pensaba en el trabajo y no mantenía un equilibrio adecuado entre su vida laboral y personal. Como resultado, se sentía cansada todos los días y lo único que la mantenía en pie durante el día era la cafeína, lo que poco a poco la llevó a perder horas de sueño porque su sistema estaba asumiendo demasiadas responsabilidades.

Aunque era bastante organizada, Nancy tendía a procrastinar algunas tareas, sobre todo aquellas que no le apetecía hacer. Un día, le tocó gestionar su aplicación de trabajo y se le empezaron a acumular las tareas. Luego, su escritorio también comenzó a llenarse de cosas. Cuando la acumulación se volvió insostenible, Nancy sufrió un ataque de pánico al darse cuenta de que había olvidado un par de tareas que debía haber completado el día anterior. El miedo la invadió y, en ese momento, comenzó a gritar y corrió a llorar al baño; estaba sufriendo un ataque de nervios.

Nancy experimentaba crisis nerviosas cada pocos meses, y cada vez eran más intensas. Al darse cuenta de que lo estaba pasando mal, decidió consultar a uno de sus colegas sobre qué hacer y aprendió algunas estrategias de afrontamiento para gestionar sus emociones y evitar entrar en un pánico total.

Su colega le aconsejó que anotara las causas de su estrés y qué le hacía sentir que estaba cruzando la línea. Tenía que registrar sus emociones para poder volver a ellas más tarde. Luego, le sugirió cómo evitar ataques de pánico distrayéndose de la situación. Con el tiempo, Nancy se volvió mucho más consciente de cómo gestionaba sus emociones y logró controlarse antes de cruzar la línea hacia un ataque de pánico. Después de cuatro meses de terapia, pudo idear diferentes maneras de gestionar mejor sus emociones y controlar los factores estresantes que la rodeaban, organizando sus tareas y priorizando lo que debía hacerse en un día concreto.

Cómo manejar los comportamientos negativos

La forma de reaccionar ante las emociones negativas es sencilla; solo hay que aprender a ejercer el autocontrol e intentar aumentar las reacciones positivas. En lugar de reaccionar ante una situación, la persona aprende a exteriorizar su frustración o ansiedad centrándose en lo positivo de cada circunstancia. Por ejemplo, en lugar de entablar una pelea a gritos con compañeros de trabajo, una persona puede utilizar palabras amables para animar a otros, o expresar sus frustraciones a través de la escritura. Encontrar formas creativas de liberar la energía emocional es esencial; si no lo haces de alguna manera, corres el riesgo de que explote de forma desagradable. Por lo tanto, es vital que encuentres formas agradables y creativas de reaccionar ante diferentes situaciones. Cada vez que experimentes una emoción negativa, debes reconocerla como tal, analizarla y darte cuenta de si refleja realmente la realidad en la que te encuentras; solo entonces podrás elegir una acción adecuada que sea útil y constructiva. Esto no siempre sucederá al cabo de unos minutos; puede ocurrir instantáneamente. Lo importante es que te entrenes en cómo reaccionar, en lugar de explotar en una situación determinada y causar tensión tanto a ti mismo como a tus relaciones con los demás.

Las reacciones positivas son las mejores respuestas ante las emociones negativas que experimentamos. Puede que hayas oído que lo positivo puede borrar lo negativo. Una palabra positiva puede infundir mucha energía positiva en tu mente, mientras que una negativa puede generarte estrés y ansiedad. Por ello, es vital que mantengas un entorno positivo y edificante para tu salud y bienestar. Una forma de permanecer positivo es utilizar la motivación, que te permite centrarte en superarte, estableciendo objetivos y viendo el lado positivo de las cosas. Cuando te fijas una meta, siempre intentarás alcanzarla y perseguirla con toda tu energía. Esto llenará tu mente de energía positiva, ayudándote a sentirte bien y contrarrestando cualquier pensamiento negativo que pueda surgir.

Ejemplo práctico

Pongamos un ejemplo de cómo una persona puede utilizar la creatividad para gestionar emociones negativas e integrarlas con positividad. Michael es un trabajador perezoso que siempre está de un lado para otro sin hacer nada. La mayoría de los días llega tarde al trabajo, con resaca, cansado y oliendo a que no se ha duchado. Cuando no está trabajando en la cafetería, siempre encuentra la forma de fumar un cigarrillo a escondidas porque se aburre. Un día, mientras fumaba con unos colegas, empezó a insultarse a sí mismo, diciendo: "¡Soy un fracaso! No puedo creer que viva aquí. Nunca llegaré a nada. Mi vida no tiene sentido. A veces me importa un... pero hoy me da igual". Entonces, uno de sus compañeros de trabajo, David, le dijo algo significativo.

David le dijo a Michael: "Michael, tienes que entrar en razón. Necesitas un objetivo o una visión para tu vida. Entiendo que ahora te sientas desesperanzado, pero creo que hay una razón para vivir, algún objetivo o sueño que te gustaría perseguir. ¿No crees que podrías encontrarlo?". Michael respondió: "No, no tengo ningún sueño ni visión". David replicó: "¿Por qué no lo intentas? Escribe lo que te gustaría que fuera tu vida y piensa en cómo podrías lograrlo; luego, escribe el objetivo que te gustaría alcanzar". Michael escribió algunas cosas que le gustaría mejorar en su vida, como dejar de fumar, dejar de beber y conseguir una novia. David dijo: "Ves, hay algo que te gustaría alcanzar en la vida. Sé que podrías lograrlo si realmente te lo propones". Después de esta conversación, Michael se sintió motivado y pensó que podría dar pasos para dejar de fumar, empezar a hacer ejercicio y hacer algo positivo.

¿Qué ocurrió en esta situación? David, actuando como el motivador inspirador en este escenario, creía que podía hacer algo útil por Michael. Le inculcó la inspiración para tener un sueño. Michael se sentía desesperanzado, triste y enfadado, y al darse cuenta de que podía tener un sueño y un objetivo para el futuro, se sintió esperanzado.

CAPÍTULO 9: CÓMO MEJORAR LA INTELIGENCIA EMOCIONAL EN EL LUGAR DE TRABAJO

Daniel Goleman, reconocido psicólogo y periodista científico, publicó en 1995 un libro pionero titulado *Inteligencia emocional*. Este libro ha vendido más de 5.000.000 de ejemplares en todo el mundo y se mantuvo como bestseller del *New York Times* durante más de un año y medio.

El concepto tradicional de la inteligencia emocional (EQ) y sus criterios, fundamentados en la influyente obra de Goleman y en la aplicación de sus investigaciones en cerca de 200 organizaciones a nivel global, han sido revolucionados de manera decisiva. Las cualidades clave para tener éxito en un puesto de liderazgo incluyen inteligencia, determinación, capacidad de decisión y visión. Sin embargo, como señala Goleman, estas no son suficientes. La investigación demuestra que los líderes potenciales tienen un gran control sobre su inteligencia emocional, lo que hace que el rendimiento empresarial sea proporcional a la inteligencia emocional de cada líder influyente.

Pero adquirir inteligencia emocional no es exclusivo de quienes ocupan los puestos más altos en las empresas. Un alto cociente emocional es la cualidad fundamental que todo empleado busca en un candidato potencial que desee unirse a la organización. Esto ayuda a reducir la formación necesaria para los puestos de liderazgo. Por lo tanto, los aspirantes a alcanzar la cúspide de cualquier organización deben poseer un alto cociente emocional.

Es evidente que ahora estás reflexionando sobre tu nivel de EQ. Puede que tengas dudas sobre las posibilidades de mejorarlo. Los estudios han confirmado que cada individuo tiene un nivel de EQ relativamente estable, influenciado por la educación y la personalidad. Sin embargo, si estás dispuesto a mejorar, tu EQ puede evolucionar.

La capacidad de identificar, comprender, utilizar y gestionar las emociones de manera efectiva y positiva ayuda a las personas a comunicarse mejor, reduce el cortisol, alivia el estrés y la ansiedad, y también minimiza los conflictos. Las investigaciones demuestran que una persona puede beneficiarse de esto tanto en el ámbito profesional como en el personal.

Formas de aumentar tu inteligencia emocional

Si deseas superar los obstáculos de una baja inteligencia emocional en tu lugar de trabajo, aquí tienes algunas formas sencillas de lograrlo. Los elementos de la inteligencia emocional, basados en la teoría de Daniel Goleman, te ayudarán a alcanzar tus objetivos estratégicamente.

1. Refuerza tu autoconocimiento

La capacidad de comprender tu propio estado emocional, tus metas internas y el impacto que esto puede tener se define como "autoconciencia". Las personas con un fuerte sentido de autoconciencia son realistas sobre su personalidad y suelen tener una buena autoestima, lo que les permite reírse de sí mismas sin perder la confianza.

Acciones para mejorar la autoconciencia:

- Entrénate para observar el origen y la influencia de las emociones en tu vida diaria. No dejes que tus emociones controlen tus decisiones y tu comunicación. Los arrebatos emocionales repentinos pueden ser perjudiciales.
- Intenta gestionar las emociones negativas al tratar con superiores y compañeros. Reconocer tus recaídas ante los demás no está de más.
- No reprimas tus emociones por completo; gestionarlas adecuamente puede

conducirte a una actitud equilibrada en el
trabajo.
* Evalúa tus puntos fuertes y débiles de la
mejor manera posible. Revisa mentalmente
tus actuaciones pasadas, buscando errores
de inexperiencia en tu comportamiento
hacia los demás.

2. Desarrolla una autorregulación refinada

Si eres capaz de dominar impulsos o arrebatos
emocionales innecesarios, eres una persona con un
gran sentido de la autorregulación. De lo contrario, no
hay razón para preocuparse. Con un poco de esfuerzo
consciente, puedes superar discusiones triviales.

Las personas con una autorregulación sólida son
capaces de ganarse la confianza de colegas, clientes y
superiores. Se adaptan fácilmente según las circunstancias y aceptan la incertidumbre del futuro después
de tomar una decisión. Estas personas, por lo general,
evitan tomar decisiones precipitadas y suelen abste-
nerse de cualquier acción impulsiva o poco adecuada.

Medidas para la autorregulación:

* Cuando surja una situación compleja y
emocionalmente cargada, evita actuar de
inmediato.
* Mantente alejado de la política de la oficina
y de otros conflictos. Esto te ayudará a

preservar tu profesionalidad e integridad personal.

- En cualquier organización, es normal enfrentar estrés, frustración y ansiedad. En lugar de quejarte de tu situación, intenta reaccionar de manera constructiva y resolver los problemas a tu manera.

- Encuentra tus propias estrategias para mantener la calma en tu entorno profesional y liberar el estrés mediante ejercicios como la meditación. No permitas que la falta de equilibrio emocional controle tu vida.

3. Aumenta tu motivación

La motivación es ese componente que guía tu interior, llenándolo de pasión y entusiasmo. Mientras te mantengas motivado e ignores los pensamientos negativos, tu productividad superará cualquier expectativa.

Cualidades como el optimismo, el empoderamiento, la dedicación y la entrega son las que motivan a los líderes y empleados a alcanzar las metas deseadas. Tu prioridad debe ser siempre el resultado a largo plazo, y no el beneficio inmediato de una decisión tomada apresuradamente. Esta mentalidad es una fuente de inspiración para quienes aspiran al éxito personal.

Acciones para mantenerte motivado:

- Reconoce que hay muchas perspectivas y beneficios a largo plazo en tu trabajo que aún no has considerado. Si hay aspectos de tu responsabilidad laboral que no disfrutas, intenta aceptar estas incomodidades para beneficiarte en el futuro. Concéntrate en tus objetivos y evita centrarte en los aspectos negativos de tus problemas inmediatos.
- Nunca pierdas la esperanza en tus perspectivas futuras. Aunque al principio puede parecer difícil mantener esta práctica cuando estás frustrado, la esperanza y el optimismo te ayudarán a salir de situaciones complicadas.
- A veces, las personas tienden a ser ineficaces por falta de sentido de responsabilidad. Reflexiona sobre lo que aún necesitas lograr para que tu inspiración esté siempre enfocada en alcanzar tus metas.
- Transforma todo lo negativo en una energía positiva. Solo podrás inspirar a otros si tú mismo mantienes una actitud positiva.

4. Desarrolla tu capacidad de empatizar genuinamente

La verdadera capacidad de una persona para sobresalir entre otros profesionales y responder con integridad en momentos de necesidad radica en su habilidad para empatizar. Tratar a las personas con respeto y profesionalidad no requiere una formación especial. Un empleado que tiene la capacidad de ponerse en el lugar de los demás puede evitar estereotiparlos y juzgarlos rápidamente.

Mejora tu capacidad de empatizar:

- Intenta ponerte en la situación de los demás y evalúala adecuadamente. Esto te ayudará a evitar conflictos.
- Al ponerte en el lugar de otros, puedes entender realmente su perspectiva y discernir quién tiene razón o no. No hay nada de malo en admitir un error por algo que dijiste o hiciste.
- Si tus intenciones son buenas pero la situación no mejora, revisa tu actitud hacia los demás. Tu forma de relacionarte podría estar dando una impresión equivocada.
- Escucha a tus compañeros y responde de manera precisa, evitando respuestas cortas que puedan dar la impresión de que los evitas.
- La mejor manera de resolver problemas relacionados con la empatía es tratar a los demás como te gustaría que te trataran a ti.

5. Mejora tus habilidades sociales

Como profesional, tus habilidades de socialización te permiten gestionar las relaciones con tus colegas y crear una red con personas nuevas. Puedes establecer nuevas conexiones, tanto dentro como fuera de la oficina. Esta habilidad no solo te ayudará a liderar a tu equipo, sino también a mejorar la productividad de sus miembros, quienes se sentirán motivados a trabajar con entusiasmo.

Las habilidades sociales son clave para convertirte en un buen jugador de equipo, donde podrás guiar a los demás de manera educada pero firme. Tu equipo sentirá que priorizas sus necesidades sobre las tuyas. A medida que desarrolles más tus habilidades sociales, te será cada vez más fácil mantener relaciones profesionales saludables.

Formas de mejorar tus habilidades sociales:

- No te conviertas en un orador que monopoliza la conversación; en cambio, intenta ser un buen oyente y prestar atención a lo que los demás intentan comunicar. Cuando sea necesario, sé un comunicador respetuoso, incluso si sientes la tentación de criticar.
- El verdadero arte de persuadir a los demás radica en establecer conexiones. Cuando los demás se sientan cerca de ti, sentirán la urgencia de reciprocidad y se esforzarán por alcanzarla. Un tono profesional, tanto

en la comunicación escrita como verbal, es esencial para cualquier líder.

- Intenta ganarte la confianza de las personas que trabajan contigo. Esto les permitirá acudir a ti en momentos de necesidad en lugar de evadir problemas.
- Las personas con las que trabajas no son todas iguales. Es muy importante que comprendas bien la personalidad de cada uno para tratarles de manera única, lo cual te beneficiará enormemente.

La inteligencia emocional no se adquiere de inmediato; requiere tiempo y esfuerzo para conectar con los demás y utilizar tus emociones para alcanzar tus objetivos. No alcanzar un buen nivel de EQ sería un gran problema, pero dado que es algo que se puede mejorar, representa una oportunidad para cualquier individuo de convertirse en un líder influyente en una organización que trabaja en armonía con sus empleados.

CAPÍTULO 10: LAS HABILIDADES SOCIALES EN LA INTELIGENCIA EMOCIONAL

Las habilidades o destrezas interpersonales son actitudes que poseemos y que nos ayudan a cooperar con los demás. Facilitan la comunicación y hacen que las conexiones sean significativas. Nuestra comprensión emocional es la manera en que entendemos a otras personas, sus sentimientos y cómo nos acercamos a ellas.

Hay dos claves para ello:

1. Empatía

La empatía es la preocupación por las necesidades y sentimientos de los demás, ya sea hacia un individuo o hacia un grupo. Es un término más amplio que la compasión; no se trata de sentir lástima, sino de tener la capacidad de ver las cosas desde la perspectiva de los otros. La compasión nos ayuda a construir un retrato más claro de las circunstancias de los demás e incluye comprender a otros, mejorar su situación, desempeñar un papel activo y promover una conciencia política.

La compasión puede ser, a veces, difícil de alcanzar. Implica entender, de manera sostenible, cómo escuchar los mensajes verbales y no verbales de las personas, incluyendo su lenguaje corporal y las señales físicas de sus sentimientos. Haz preguntas para saber más sobre ellos y sus emociones, lo que te permitirá comprender sus sentimientos con mayor precisión. Reconoce y observa los sentimientos de los demás, incluso si no estás de acuerdo. Evita hacer comentarios o expresiones de juicio, culpa, rechazo o prejuicio. Es mejor dejar las diferencias de opinión como están y aceptar que hay personas con un sistema de valores distinto.

2. Habilidades sociales

Las habilidades sociales abarcan una amplia variedad de relaciones interpersonales y actitudes. Incluyen la autoridad, la capacidad de influir y simplemente ser persuasivo. Todos necesitamos habilidades sociales para sobrevivir en un mundo donde la interacción y la competitividad son esenciales. El término "habilidades sociales" comprende actitudes y capacidades como la autoestima y la confianza en uno mismo. Al desarrollar habilidades sociales, como la facilidad para hablar, saber escuchar, ser confiable y participar, te vuelves más seductor y atractivo a los ojos de los demás. Esto incrementa tu autoestima y confianza, facilitando la integración en grupos sociales y una mejor comprensión del grupo al que perteneces.

La aptitud social es un concepto excepcionalmente amplio y se considera parte de la inteligencia emocional. En este contexto, "aptitudes sociales" se refiere a las actitudes que se espera que manejes y que diferencian tus sentimientos de los de los demás. Podría parecer un factor de control excesivo, pero puede ser tan simple como reconocer que sonreír a las personas provocará que te devuelvan la sonrisa y se sientan más positivas.

El conocimiento emocional comienza por comprender tus propios sentimientos y luego ser capaz de gestionarlos y utilizarlos para alcanzar tus objetivos. Cuando logras entenderte y controlarte, también empiezas a captar las emociones y sentimientos de los demás, lo que impacta en ellos.

¿Qué incluyen las habilidades sociales?
El término "habilidades sociales" abarca una amplia gama de capacidades, tales como:

- Habilidades de inducción e influencia
- Habilidades de comunicación
- Habilidades para construir la paz
- Habilidades administrativas
- Habilidades de gestión del cambio
- Capacidad de comprensión
- Habilidades de trabajo en equipo

La capacidad de influir es la habilidad de impresionar a los demás y persuadirlos con tus ideas o enfoques. Las personas que son convincentes o que dejan huella suelen poseer grandes habilidades de comunicación y persuasión.

Habilidades de comunicación

Las habilidades de comunicación son fundamentales para el conocimiento emocional. Debes tener la capacidad de escuchar a los demás y también de expresar tus propias ideas y emociones.

Las habilidades de un buen comunicador:

- Escucha a quienes te rodean, asegurándote de entender lo que se dice y buscando comprender sus puntos de vista.
- Está dispuesto a identificar problemas y resolverlos tú mismo.
- Aborda las situaciones problemáticas de inmediato y no esperes a que se conviertan en crisis.
- Observa y actúa en función de las señales que recibas, intentando mantener la calma en la comunicación de ambas partes.

Habilidades para construir la paz

Los conflictos y las diferencias pueden surgir en

cualquier momento, a menudo cuando menos lo esperamos. La habilidad para gestionar y resolver conflictos es esencial, tanto en casa como en el trabajo. Comienza por evaluar tu propia diplomacia y método de proceder y termina con la desescalada de situaciones problemáticas.

Si eres un buen pacificador, podrás resolver contradicciones y generar un espacio donde se compartan sentimientos, facilitando la comunicación para que todos los grupos reconozcan las emociones de los demás y validen sus afirmaciones. Al finalizar una discusión, notarás que todos ganan y que los sentimientos negativos se disipan.

Habilidades administrativas

Incorporar habilidades de liderazgo o gestión en el ámbito social puede parecer extraño. Sin duda, la inteligencia emocional es parte de la iniciativa, pero va más allá. Estas habilidades, junto con el conocimiento emocional, están interconectadas. Como hemos mencionado, quienes comprenden sus propios sentimientos y los de los demás tienden a dejar una huella en la vida de otros. La clave de una buena iniciativa radica en impactar y ser capaz de inspirar a otros, lo que se traduce en una gran inteligencia emocional.

Habilidades de un buen líder:

- Estar preparado para compartir una visión y entusiasmar a los demás.
- Apoyar y gestionar las tareas de tus colaboradores, haciéndolos responsables.
- Guiar el proceso paso a paso, solo cuando tengas una estrategia aprobada por todos.

Habilidades de gestión del cambio

Los gestores del cambio, comúnmente conocidos como "catalizadores del cambio", son quienes facilitan la transformación sin que los involucrados se sientan distantes. Todos sabemos lo estresante que puede ser el cambio. Los grandes catalizadores mantienen todo en movimiento, asumiendo los riesgos necesarios. Identifican los requisitos para el cambio y eliminan obstáculos, desafiando el status quo y triunfando sobre él.

Habilidades de comprensión

Debes tener la capacidad de establecer y mantener vínculos con los demás. Desarrollar esta habilidad te ayudará a crear conexiones más fuertes y mejorará tu capacidad para trabajar y relacionarte. Si eres bueno en esto, serás un excelente organizador, capaz de construir y mantener sólidas redes de contactos.

Eres hábil en crear conexiones y mantener contacto con quienes conoces. Las personas con esta disposición suelen tener muchos amigos entre sus colegas, ya que valoran a los demás: se preocupan por ellos y quieren conocerlos mejor.

Capacidad de trabajo en equipo

Algunas personas colaboran de tal manera que producen un trabajo valioso y generan muchas conexiones. Esta habilidad social es clave en la inteligencia emocional. Cuando puedes trabajar en equipo, reconoces que tus compañeros son tan importantes como tú y que son las personas más cercanas. Esto ocurre cuando priorizas su dependencia de ti y valoras la colaboración.

Un buen equipo forma un grupo eficaz, compartiendo tareas y pensamientos y cooperando para lograr un resultado superior. Esto crea un ambiente agradable donde todos se sienten bienvenidos a contribuir. Cuando los buenos trabajadores colaboran, el grupo rinde mejor y pueden integrar a personas de otros equipos, fomentando la responsabilidad.

Un ciclo de inteligencia emocional

Las habilidades sociales son más evidentes si posees una buena inteligencia emocional, pero no se limitan a ellas. Se trata de un ciclo continuo. Quienes aprenden a comprender y gestionar sus sentimientos pueden interactuar eficazmente con los demás. Este aspecto es fundamental para desarrollar tu propio conocimiento emocional.

Las habilidades interpersonales no solo son esenciales en el ámbito laboral; la vida social también se beneficia de su mejora. Las personas con grandes habilidades interpersonales suelen ser vistas como esperanzadas, tranquilas, seguras y atractivas, cualidades que tienden a atraer e involucrar a otros.

También puedes mejorar tus habilidades interpersonales practicando constantemente conversaciones e interacciones. Aquí hay una lista de aspectos que pueden mejorar tus habilidades interpersonales:

1. Comunicación verbal: qué decir y cómo decirlo.
2. Comunicación no verbal: lo que comunicas sin palabras.
3. Habilidades de escucha: cómo interpretar los mensajes verbales y no verbales.
4. Habilidades de negociación: trabajar con otros para alcanzar acuerdos mutuamente satisfactorios.
5. Resolución de problemas: colaborar para identificar y solucionar problemas.
6. Toma de decisiones: explorar alternativas para elegir opciones de calidad.
7. Asertividad: comunicar abiertamente tus cualidades, pensamientos, creencias y necesidades.

Desarrollar las habilidades interpersonales

Hay muchas competencias que pueden ayudarte a tener éxito en diversos ámbitos de la vida. Estas habilidades se componen de varias partes, por lo que es fundamental perseverar en cada una de ellas. Constituyen la base para desarrollar otras capacidades que se fundamentan en unas sólidas habilidades interpersonales, aplicables a tus conexiones, interacciones sociales y tu profesión. Sin unas buenas habilidades interpersonales, es complicado cultivar otras competencias esenciales en la vida. A diferencia de otras habilidades que puedes necesitar ocasionalmente, ¡las habilidades interpersonales son algo que puedes utilizar constantemente!

1. ¡Escucha con paciencia!

Escuchar no es lo mismo que oír. Crea oportunidades para prestar atención a lo que dicen los demás, ya sea a través de su comunicación verbal o no verbal.

2. Elige las palabras con cuidado.

Selecciona tus palabras con atención al conversar con los demás. Existe el riesgo de que te malinterpreten, así que es crucial que te hagas entender claramente. Mejora tu claridad y sé firme al expresar tu punto de vista, pero mantente humilde ante las críticas. Anima a los demás a participar en la conversación y facilítales que se dirijan a ti para hacerte más comprensible.

3. Comprende si tu comunicación no funciona.

En ocasiones, la comunicación puede verse interrumpida. Es importante identificar los obstáculos que han provocado esta ruptura para mejorar la interacción, de modo que puedas reducir la probabilidad de malas interpretaciones y confusiones.

4. Relájate.

Cuando estamos nerviosos, tendemos a hablar más rápido y a cometer más errores. La tensión se refleja en nuestra comunicación no verbal. Por ello, intenta mantener la calma, observar y sonreír. Permite que tu confianza brille y mantén la mente serena.

5. Sé claro.

Muestra entusiasmo por la audiencia con la que te comunicas. Haz preguntas y aclara o proporciona más detalles sobre temas que podrían malinterpretarse fácilmente.

6. Mantente positivo.

Esfuérzate por mantener una actitud positiva y alegre. La gente se sentirá mucho más atraída hacia ti si logras mantener un ambiente edificante.

7. Relaciónate.

Reconoce que los demás pueden tener puntos de vista diferentes. Intenta ver las cosas desde otras perspectivas. A medida que ganes el respeto y la confianza de los demás, es probable que aprendas algo valioso.

Si sigues estos consejos al pie de la letra, podrás desarrollar fácilmente la inteligencia emocional y las habilidades interpersonales que te serán útiles en tus interacciones sociales.

CAPÍTULO 11: DESARROLLAR LA EMPATÍA

En términos sencillos, la empatía se refiere a la capacidad de comprender los sentimientos de otras personas de manera que permite a los individuos empáticos compartir y revivir las experiencias ajenas. Dicho esto, la empatía está un paso más cerca de la compasión, que es simplemente la capacidad de preocuparse por los sentimientos de los demás. Para ilustrarlo, tomemos un grupo de amigas: Ana, María y Juana. Supongamos que Ana ha perdido repentinamente a sus padres en un accidente. María es muy compasiva con ella y entiende lo mal que debe sentirse. Comprende que Ana puede tener el corazón destrozado y sentirse aún conmocionada por lo ocurrido, por lo que se preocupa por su bienestar. Sin embargo, a pesar de su compasión, no tiene idea de lo que puede decir u ofrecer a Ana, dada la magnitud de su pérdida. Por otro lado, Juana empatiza con Ana. Juana no ha pasado por lo mismo que Ana, pero puede sentir su dolor. No solo comprende perfectamente lo que Ana está viviendo en ese momento, sino que también se identifica con ese sufrimiento. Por lo tanto, Juana es capaz de ofrecer palabras de consuelo que surgen del corazón. Ella sabe exactamente qué decirle a Ana para hacerle saber que no está sola, sin minimizar así sus sentimientos.

Desarrollar la empatía implica ponerse en el lugar del otro. Por lo tanto, un individuo no permanece como un observador pasivo, sino que toma una parte activa en las experiencias de otra persona. Para desarrollar la empatía, es fundamental ir más allá de cualquier idea preconcebida y acercarse a los demás con curiosidad. Al no prejuzgar las experiencias ajenas, cada persona se encuentra en una mejor posición para comprender su punto de vista. Muchos de nuestros prejuicios se originan en nuestro hábito de mirar hacia adentro en lugar de hacia afuera al relacionarnos con la gente. Por ello, si queremos empatizar, es necesario dirigir nuestra atención a la persona con la que intentamos conectar: a lo que está haciendo y sintiendo. Así, las personas profundamente empáticas son aquellas que entienden que las circunstancias no dependen de ellas, sino de otros, por así decirlo. La empatía es crucial en el desarrollo de la inteligencia emocional porque requiere que el individuo desarrolle una comprensión profunda de sus propias emociones y utilice esa comprensión para relacionarse mejor con los demás.

CAPÍTULO 12: CONSEJOS PARA TRIUNFAR A LO LARGO DE LA VIDA

Intentemos ahora comprender por qué necesitamos la inteligencia emocional para tener éxito en la vida; y, lo que es más importante, si desempeña un papel tan crucial, ¿cómo puede mejorarse?

Cuando la inteligencia emocional llamó la atención de las masas y se investigó sobre el tema, se hizo una revelación realmente única e impactante: las personas con coeficientes intelectuales más bajos tienden a tener más inteligencia emocional que aquellas con coeficientes intelectuales más altos. Matemáticamente, era 7:3, y esto resultó bastante difícil de digerir para las personas más inteligentes. Siempre habían pensado que su única fuente de progreso era su CI. Muchos años de investigación apuntan ahora a la comprensión emocional como el componente fundamental que separa a los célebres de las personas comunes.

La comprensión emocional es un "sentimiento"

presente en cada uno de nosotros y absolutamente tangible. Influye en nuestra manera de comportarnos, explora nuestras propias complejidades sociales y guía nuestras elecciones para obtener resultados positivos. La inteligencia emocional engloba cuatro actitudes que se encapsulan en dos competencias básicas: personal y social.

La inteligencia emocional ayuda a predecir tu rendimiento

¿Cuánto influye la inteligencia emocional en tu rendimiento? La respuesta corta sería "¡Mucho!". Te permite centrarte en tu vitalidad, seguir la dirección que te has marcado y lograr resultados satisfactorios.

Tu conocimiento interior es la base de habilidades importantes que impactan fuertemente en todo lo que haces de forma habitual. Podrías, sin duda, convertirte en un célebre animador incluso sin inteligencia emocional, pero las posibilidades son menores o simplemente improbables.

Normalmente, las personas con un alto nivel de inteligencia emocional tienen más éxito. Suelen ganar 24.000 euros más al año que aquellos con un nivel más bajo de inteligencia emocional. La relación entre el conocimiento emocional y el beneficio personal es clara: cada pequeño aumento en el conocimiento emocional suma 1.100 euros al salario anual. Estos resultados se mantienen constantes en personas de todas las empresas y esferas de la vida. No hay tarea o trabajo en el que las asignaciones o el salario no estén estrechamente ligados a la inteligencia emocional.

Los logros y la alegría son lo que más debemos buscar en nuestras vidas. Desgraciadamente, en la escuela se enseña muy poco sobre cómo progresar una vez terminados los estudios. Con el tiempo, lo que se espera que prevalezca en la vida y la profesión de una persona supera a los logros escolares. Por ejemplo, una vez que se han demostrado las habilidades requeridas y se ha superado la prueba de coeficiente intelectual para un puesto de trabajo, se ha demostrado que la inteligencia emocional prevalece por encima del 8%.

¿Cómo aumentar la inteligencia emocional?

La correspondencia entre tus sentimientos y tus planteamientos racionales está dirigida por el cerebro. Este es el camino hacia el conocimiento emocional y comienza en tu mente. Tus sentidos se involucran en esta vía, llegan al frente de tu mente y te permiten reflexionar sobre tu experiencia. Primero pasan por la estructura límbica, donde se producen las emociones. Esto te permite tener una reacción emocional ante las situaciones antes de que nuestra personalidad racional pueda bloquearla. El conocimiento emocional requiere una poderosa correspondencia entre nuestros planteamientos prácticos y emocionales.

"Plasticidad" es el término que utilizan los neuró-logos para describir la capacidad de cambio del telencéfalo. Desde el momento en que empieces a desarrollar y entrenar tus nuevos conocimientos y actitudes emocionales, miles de millones de diminutas neuronas -que recubren las vías entre los núcleos normal y emocional de tu mente- extenderán sus pequeños "brazos", que adoptarán la forma de ramas de árbol y entrarán en contacto, alternadamente, con otras células. Una sola célula puede establecer hasta 15.000 conexiones con células vecinas. Esta reacción en cadena de la evolución nos ayuda a darnos cuenta de que será más fácil examinar y controlar nuestros sentimientos en el futuro.

Cuando mantienes tu cerebro en constante entrenamiento, pruebas cosas nuevas con sincero interés; tu mente crea nuevas vías que se convierten en inclinaciones. Algún tiempo después, empiezas a reaccionar emocionalmente a lo que te rodea, en lugar de estresarte por tu inteligencia emocional. Asimismo, tu mente refuerza el uso de nuevas prácticas y asociaciones que hacen que los viejos hábitos negativos desaparezcan o, al menos, se reduzcan considerablemente.

Trucos y consejos para mejorar la inteligencia emocional

La inteligencia emocional es crucial para establecer, hacer avanzar, mantener y mejorar los vínculos individuales. A diferencia del CI, que esencialmente no cambia a lo largo de la vida, nuestra inteligencia emocional puede crecer y mejorar si estamos dispuestos a aprenderla y desarrollarla.

La inteligencia emocional es importante y puede tener un impacto fructífero en nuestras relaciones y profesiones. Sea cual sea la etapa de la vida en la que te encuentres, puedes utilizar los siete pasos básicos que expongo a continuación para aumentar tu inteligencia emocional y lograr atención consciente y compasión.

1. Trabaja la percepción de tus sensaciones

Dada la cantidad de tiempo que pasamos comprometidos, yendo de una responsabilidad a otra, cumpliendo plazos y reaccionando a demandas externas, muchos de nosotros decidimos poner cierta distancia entre nosotros y nuestros sentimientos. Cuando lo hacemos, es mucho más probable que actuemos de forma inconsciente y perdamos una gran oportunidad: ¡la información fundamental que nuestros sentimientos intentan comunicarnos!

En cualquier momento reaccionamos a algo y en ese momento estamos aceptando información sobre una circunstancia concreta, un individuo u ocasión específicos. La reacción que experimentamos puede deberse a que las circunstancias nos llevan a evocar recuerdos dolorosos.

Cuando nos centramos en lo que sentimos, nos damos cuenta de que creemos en nuestras emociones y nos volvemos mucho más capaces de manejarlas. Si estás aprendiendo esta práctica, intenta acompañarla con lo siguiente:

- Establece un reloj para volver a centrarte varias veces durante el día.
- En el momento en que el despertador deje de sonar, respira profundamente un par de veces e intenta comprender cómo te sientes internamente.
- Concéntrate en cómo se siente esa emoción. Si es una sensación física, ¿cuál es?
- Cuanto más puedas seguirlo, más podrás convertirlo en tu segunda naturaleza.

2. Analiza tu propio comportamiento

Como he mencionado antes, una parte clave para aumentar nuestra inteligencia emocional es comprender cómo manejar nuestros sentimientos; algo que solo podemos hacer si somos plenamente conscientes de ellos.

Mientras practicas la atención emocional consciente, también debes centrarte en tu comportamiento. Observa cómo te comportas cuando te enfrentas cara a cara con tus sentimientos y cómo esto afecta tu vida cotidiana. ¿Influye en tu comunicación con los demás, en tu eficacia o en tu sensación general de bienestar?

Cuando somos más conscientes de cómo reaccionamos ante nuestros sentimientos, es difícil entrar en "modo juicio" y criticar nuestra propia conducta.

Intenta abstenerte de hacerlo por el momento, porque serás más honesto contigo mismo si evitas juzgarte.

3. Asume la responsabilidad de tus sentimientos y comportamiento

Esta es probablemente la tarea más difícil, pero también la más útil. Tus sentimientos y tu comportamiento se originan en ti y en ninguna otra persona. Partiendo de esta base, eres tú quien tiene que afrontarlos.

Si te sientes herido por algo que alguien ha dicho o hecho y reaccionas de manera defensiva, eres directamente responsable. No te han "obligado" a atacarles; tus reacciones son, sin duda, tu responsabilidad.

Del mismo modo, aunque tus sentimientos pueden ofrecerte información sobre tu experiencia y comprensión de otras personas, tus emociones son solo tuyas. Cuando empieces a asumir esta carga, influirá positivamente en todos los aspectos de tu vida.

Trabaja en responder, en lugar de reaccionar

Hay una distinción simple, pero vital, entre responder y reaccionar. Responder es un procedimiento inconsciente cuando nos encontramos con un desencadenante emocional y continuamos la conversación de manera inconsciente, comunicando o calmando la emoción. Por ejemplo, si nos sentimos irritados por una persona que acaba de interrumpirnos mientras hablábamos.

Reaccionar, en cambio, implica ser consciente de lo que sientes y elegir cómo continuar la conversación, explicando tu reacción. Por ejemplo, si te sientes molesto, revela a la persona cómo te sientes y por qué no era un buen momento para interrumpir.

Desarrolla la empatía con cualquier persona, incluso contigo mismo

El concepto de empatía consiste en comprender por qué alguien siente o se expresa de una manera particular y tener la capacidad de comunicar esta comprensión. Puede aplicarse tanto a nosotros mismos como a los demás. Si practicas esta habilidad, podrás aumentar tu inteligencia emocional.

Comienza practicando contigo mismo. Cuando te des cuenta de que sientes o actúas de manera automática, pregúntate: "¿Por qué estoy sintiendo esto/por qué estoy haciendo esto?". Al principio, tu reacción puede ser: "No tengo ni idea". Sin embargo, sigue concentrándote en tus sentimientos y comportamientos y empezarás a notar respuestas más claras.

Crear y fomentar un entorno positivo

Mientras practicas las habilidades que he mencionado:

- Mindfulness (o atención plena)
- Autodisciplina
- Empatía

Detente un momento para reflexionar sobre lo que funciona admirablemente en tu vida y por qué te sientes agradecido. Crea un poder constructivo, amplifica tu satisfacción personal y contagia esa energía positiva a quienes te rodean. A continuación, algunos consejos que podrían ayudarte a aumentar significativamente tu inteligencia emocional:

1. Elimina las emociones negativas

Probablemente, ninguna parte de la inteligencia emocional sea más crítica que nuestra capacidad para manejar adecuadamente nuestras emociones negativas. Esto es esencial para que no tomen control sobre nosotros ni influyan en nuestro juicio. Con el objetivo final de transformar cómo nos sentimos en determinadas circunstancias, primero debemos cambiar nuestra perspectiva sobre ellas.

2. Mantén la calma y controla el estrés

Muchos de nosotros somos expertos en preocuparnos. La forma en que enfrentamos situaciones desagradables puede variar desde la confianza hasta la ansiedad, desde el equilibrio hasta el agotamiento.

Cuando nos encontramos bajo estrés, la clave es recordar mantener la calma.

3. Muestra asertividad y expresa emociones complejas cuando sea necesario

Hay momentos en la vida en que es vital establecer límites claros para que los demás sepan qué esperar de nosotros. Esto incluye nuestro derecho a discrepar, sin ser groseros, y a decir "no" sin resentimientos. Es importante establecer nuestras necesidades individuales, obtener lo que merecemos y protegernos de presiones y peligros.

4. Sé proactivo, no reactivo

La mayoría de nosotros nos cruzamos con personas difíciles a lo largo de la vida. A veces, podemos "quedarnos atrapados" con individuos complicados en el trabajo o en casa. No es difícil permitir que estos individuos influyan negativamente en nuestro día. ¿Cuál es la clave para seguir siendo proactivo en tales circunstancias? Debemos buscar lo positivo o simplemente dejar ir lo que no nos ayuda a avanzar, sino que nos frena.

5. La capacidad de reponerse

En general, la vida no es fácil, y todos lo sabemos. La forma en que elegimos nuestros pensamientos, emociones y acciones ante las dificultades puede resultar en confianza o desesperanza, pensamiento positivo o decepción, triunfo o sentirnos abrumados. Ante cada dificultad, pregúntate: "¿Cuál es la lección aquí?" o "¿Qué puedo aprender de esta experiencia?" o "¿Qué es lo más importante en este momento?". Cuanto más estimules preguntas profundas, mejor será la calidad de las respuestas que obtendrás. Hazte preguntas productivas que te ayuden a obtener una perspectiva que te permita afrontar la situación.

6. Expresa tus emociones íntimas

La capacidad de expresar y validar sentimientos delicados de afecto es crucial para mantener vínculos con los demás. En este contexto, tener "éxito" significa compartir tus sentimientos íntimos con alguien de manera sostenible y útil, y ser capaz de reaccionar positivamente cuando la otra persona actúa de la misma forma.

La inteligencia emocional es un proceso de por vida: ¡Recuerda siempre esto!

La inteligencia emocional no es algo que puedas cultivar y luego desechar. Es una práctica continua que se desarrolla paso a paso. Cuando sientas que estás cerca de lograrla, sigue practicando y cosecharás los beneficios de la inteligencia emocional para siempre.

CAPÍTULO 13: EL ARTE DE LA PERSUASIÓN

La razón por la que quienes poseen inteligencia emocional son tan sorprendentemente capaces de lograr cualquier cosa es su enorme poder de persuasión. Son capaces de confiar en sí mismos y obtener exactamente lo que desean, cuando lo desean o lo necesitan, porque saben cómo persuadir a los demás sin depender de ninguna forma de manipulación.

Cuando lo hacen, son increíblemente eficientes. Después de todo, ¿a qué líder preferirías seguir? ¿Al que te amenaza con una paliza o incluso con matarte si le desobedeces, o al que está verdaderamente apasionado por su causa y puede transmitírselo con solo mirarlo a los ojos? Muchas personas prefieren seguir a un líder apasionado cuyo fuego arde en su interior. La gente desea tomar sus propias decisiones, y los mejores líderes se lo permiten.

Los líderes más efectivos siempre dejan abierta la posibilidad de elección y permiten que las personas la sigan porque creen en ella y en la motivación que las llevó a elegirla. Al fin y al cabo, ganarse la confianza y la devoción es mucho más duradero que la obediencia ciega, impuesta por el miedo a perder la vida.

¿Qué es la persuasión?

La persuasión se refiere al proceso mediante el cual se anima a los demás a creer en algo o a hacer algo que antes no les interesaba. A través de la persuasión, el individuo es capaz de convencer a los demás de que realmente vale la pena seguir su causa y de que otras personas desean seguirla por voluntad propia porque les interesa. La persuasión siempre comprende cuatro elementos clave:

- Un persuasor
- Un mensaje utilizado para transmitir lo que quiere el persuasor
- Un objetivo para el mensaje de persuasión
- Un contexto para la persuasión

Parece bastante sencillo: hay una persona que persuade a otra de alguna manera. Quizás el líder intenta atraer a todos a un lugar determinado para que lo sigan en política. Tal vez un profesor quiere dirigir una clase y animar a los estudiantes a escuchar. O un padre intenta convencer a su hijo de que es hora de irse a dormir, aunque este se resista. Luego está el mensaje de persuasión, que es lo que comunica el persuasor. El líder puede prometer a las personas que se asegurará de que se respeten y defiendan sus valores fundamentales.

El profesor puede decir a los estudiantes que, si no terminan su trabajo en clase, tendrán más deberes, sabiendo que a ningún alumno le gustan los deberes. El padre puede decirle a su hijo que tiene mucho sueño y que, si no se duerme inmediatamente, podría no tener fuerzas para ver a sus amigos a la mañana siguiente. Todos estos mensajes buscan motivar al individuo a actuar en contra de sus impulsos instintivos.

El objetivo del mensaje es simple: persuadir al individuo. Por último, el contexto de la persuasión se refiere a la situación adecuada para convencer a alguien. En el momento en que se dan estos cuatro elementos, puede comenzar la persuasión.

Aunque la persuasión incita a las personas a comportarse de manera diferente a como lo harían si se les dejara actuar según su libre albedrío, no es necesariamente algo malo o desagradable, ni siquiera manipulador. Es más bien una forma de ofrecer más opciones a las personas y animarlas a explorar las alternativas que el persuasor les recomienda. El persuasor no obliga a la gente. No intenta engañarla ni miente. Simplemente les hace propuestas mediante un método convincente que motiva a las personas a seguirlo. Las personas cambian de opinión por su propia voluntad, no porque el persuasor les imponga que, de lo contrario, enfrentarían consecuencias desconocidas, una actitud que podríamos calificar de coerción.

Sin embargo, no hay nada inherentemente malo en la forma en que un líder persuasivo logra sus objetivos, siempre que la persuasión se mantenga dentro de los límites de la honestidad, la ética y el interés general.

Los elementos de la persuasión

Cuando estés preparado para utilizar la persuasión, debes tener en cuenta los seis elementos de la persuasión. Estos elementos son una forma segura de motivar a quienes te rodean a estar más dispuestos a seguirte, sin importar lo que les pidas. Pueden utilizarse de diversas maneras: en anuncios, medios de comunicación, películas, libros, discursos y mucho más.

Puedes emplear estos elementos de persuasión de cualquier forma y seguirán teniendo el mismo efecto. Puedes leer un libro publicado por una conocida editorial y creer que son una autoridad, lo que puede persuadirte a aceptar sus palabras, aunque no tengas evidencia real. Sin embargo, si te encuentras leyendo un artículo de periódico, es más probable que verifiques lo que has leído para asegurarte de que es cierto. Tal vez veas a alguien en quien confías decir lo mismo, así como a un desconocido que conociste por casualidad la semana pasada, y te sientas más inclinado a creerlo porque lo has escuchado de una persona a la que consideras amiga.

Quizás quieras dejar una propina mayor en un

restaurante porque la camarera te trajo un caramelo de menta junto con la cuenta. Todos estos son principios sencillos sobre cómo utilizar la persuasión, aunque no lo parezcan. Emplear estas técnicas es como tomar un atajo hacia el éxito de la persuasión: la gente se sentirá naturalmente inclinada a seguirte cuando hagas estas cosas y solo necesitarás hacer un pequeño esfuerzo para motivarlos.

Reciprocidad

El primer principio que exploraremos es la reciprocidad. Es muy sencillo: estás más dispuesto a hacer algo por alguien si esa persona ha hecho algo por ti primero. La razón por la que esto funciona se basa en el sentimiento de obligación que se genera cuando te dan algo. Si alguien quiere ayudarte u ofrecerte algo, sientes la necesidad de devolverle el favor. Aquí volvemos, de nuevo, al tema de la empatía: quieres hacer algo por quienes han querido ayudarte porque puedes relacionarte con ellos.

El principio de reciprocidad está asociado a un sentido de obligación que la gente a menudo desconoce y del que nunca ha oído hablar. Piensa en las habilidades que hemos mencionado en el capítulo anterior. Esto es lo que sucede cuando facilitas las relaciones. Te introduces en situaciones e interacciones, preguntándote qué podrías hacer por la otra persona. Constantemente buscas maneras de ayudar a los demás, ya sea por tu deseo de ser agradecido o por tu conciencia que guiará a las personas a sentirse conectadas contigo en el futuro. Así, te resultará más fácil conseguir lo que deseas la próxima vez que pidas un favor, porque la otra persona recordará aquella vez que la ayudaste y querrá devolverte el favor.

Por ejemplo, imagina que recibes un regalo de cumpleaños de un conocido. No creías que esa persona se sintiera lo suficientemente cercana a ti como para hacerte un regalo en una ocasión de intercambio de regalos, pero al recibirlo, sientes la presión social de corresponder con un regalo de igual valor en la próxima ocasión. Llega el cumpleaños de esta otra persona y sientes que debes hacerle un regalo, aunque nunca se te habría ocurrido hacerlo. Decides hacerlo porque sientes que es lo correcto.

Este concepto también puede aplicarse en otras situaciones. Puedes prometer a alguien que le ayudarás con un trabajo y seguramente te estará agradecido por haberte comprometido; luego, cuando le pidas un pequeño favor, como que riegue tus plantas mientras estás de viaje, lo hará sin problemas porque se sentirá en deuda contigo.

Placer

El agrado se refiere al grado en que una persona logra agradar como individuo. Cuando algo es agradable, es algo que te complace de diversas maneras. Según este principio, las personas tienden a dejarse persuadir por quienes les resultan agradables. Deben sentir algún tipo de conexión para abrirse realmente a la idea de la persuasión; sin este agrado, la persuasión puede fracasar. Después de todo, ¿preferirías hacerle un favor a tu mejor amigo o a un ex que te traicionó durante una ruptura? Muchas personas dirían que preferirían ayudar a su mejor amigo, lo que tiene todo el sentido del mundo.

Preferimos ayudar a quienes nos caen bien, así que cuando alguien que nos agrada nos pide hacer algo por él o ella, nos sentimos más inclinados a aceptar, simplemente porque esa persona nos resulta simpática y no consideramos si la petición nos puede pesar o no. Afortunadamente, cuando no caes bien a la persona a la que intentas persuadir, ya sea porque no la conoces bien o por mil razones más, tienes otras tres maneras de hacerte agradable a los ojos de los demás. Estas tres pequeñas cosas pueden mejorar significativamente tus posibilidades de persuadir a otros para que hagan lo que les pides.

Debes ser reconocible de alguna manera, lo que significa que debes tener una personalidad que destaque. Simplemente al parecer una persona auténtica, en lugar de un extraño para quien intentas persuadir, tendrás más posibilidades de lograr tu objetivo. La forma más sencilla de hacerlo es compartir algo sobre ti con la otra persona. Podrías mencionar que tienes un hijo de la misma edad que el suyo, hablar de unas vacaciones que estás a punto de tomar o de lo mucho que te entusiasma pasar tiempo con tu familia. También podrías hablar de cómo tienes algo en común con el estilo o la elección de otra persona basándote en un objeto. Todo esto ayuda a presentarte como una persona amable, y no como un extraño o un rival.

El segundo principio es que las personas tienden a aceptar más rápidamente a quienes tienen algo en común. Si ambos compartís un trasfondo similar o una causa común, puede que os sintáis más unidos a la otra persona. Puedes hacer esto buscando un punto en común entre vosotros. Por ejemplo, podrías decir que ambos tenéis hijos en la misma clase de preescolar o que sois seguidores del mismo equipo de fútbol. Una vez que estableces este vínculo, la otra persona se sentirá más inclinada a dejarse persuadir por ti porque querrá seguir a alguien con quien tiene algo en común.

El tercer principio para hacerte agradable es ser un poco vulnerable. Las personas también se sienten más inclinadas a ayudar a quienes comparten sus experiencias. Cuando hablas de algo que te ha afectado de manera negativa, es probable que la otra persona se sienta atraída por ti y sea más abierta a escuchar lo que tienes que decir. Puede que compartas tus frustraciones con un nuevo proyecto o hables sobre una relación difícil que tienes con un amigo. Simplemente al abrirte, es probable que otros se identifiquen contigo y, por lo tanto, estén más dispuestos a dejarse persuadir por ti.

Autoridad

El principio de autoridad se refiere al poder que

tienen ciertas figuras para influir en otros simplemente por su estatus. Es posible que un individuo pueda hacer uso de un título, una posición o una relación a su favor cuando busca persuadir a alguien. Este principio se basa en el hecho de que muchas personas tienden a obedecer a quienes tienen una mayor influencia en la sociedad, aunque esa influencia no siempre sea justificada. La razón de esta obediencia es que, en la mayoría de los casos, se nos ha enseñado a respetar la autoridad. Si te pido un favor, tienes la tendencia a hacerlo porque soy la persona a la que respectas.

Por ejemplo, imagina que tu médico te aconseja que dejes de comer alimentos ultraprocesati. Sin dudarlo, es probable que sigas sus indicaciones. Lo que no sabes es que el médico puede estar equivocado y no tener suficiente conocimiento sobre el tema. Aún así, la influencia de la figura de autoridad hace que le sigas.

El principio de autoridad también se puede aplicar a otros contextos. Puedes utilizar títulos o referencias a figuras de prestigio para persuadir a otros a que sigan tus consejos. Esto no solo incluye títulos académicos, sino también cualquier tipo de estatus que puedas tener en la vida de las personas. Por ejemplo, podrías trabajar como un conocido chef, y al invitar a la gente a probar tu receta de lasaña, el estatus que has ganado hace que se sientan inclinados a seguir tu consejo.

Consistencia

La consistencia se refiere al deseo humano de ser

coherente en sus acciones, creencias y palabras. Este principio se basa en la premisa de que las personas sienten la necesidad de actuar de manera consistente con sus compromisos. Cuando alguien se compromete a algo, suele ser más probable que actúe en consecuencia para evitar la disonancia cognitiva, el desagrado que sentimos cuando nuestros pensamientos, sentimientos y comportamientos son contradictorios. Cuando alguien se siente coherente con lo que ha hecho, puede que lo siga haciendo.

Imagina que te ofrecen un gran trabajo en una empresa, y al principio te entusiasma la idea. Sin embargo, al final del primer mes, las cosas no salen como esperabas. Tu supervisor no resulta ser la persona que te prometieron, y estás pensando en dejarlo. Aún así, es posible que te quedes porque ya te has comprometido a ello. Dado que has tomado una decisión y has actuado en consecuencia, puede que sientas que dejarlo sería un error.

Cuando quieras persuadir a alguien, puedes aprovechar este principio al hacer que esa persona realice pequeños compromisos al principio. Por ejemplo, si deseas que alguien se una a un club o a una causa en la que crees, puedes comenzar pidiéndole que asista a una reunión. Este primer paso puede facilitar que esa persona se sienta más inclinada a unirse al grupo.

Las personas también sienten la necesidad de mantener su imagen pública. Es posible que quieras persuadir a alguien a que se comprometa a unirse a una causa que te apasione. Una vez que haya mostrado interés y compartido sus pensamientos contigo, puedes usar esa información para tu beneficio. Cuando pidas que se una a ti, la persona puede sentirse obligada a hacerlo porque ya ha expresado su interés, y esto no solo la ayudará a mantener su imagen, sino que también le permitirá seguir con su decisión.

Escasez

La escasez se refiere a la falta de un recurso. Cuando las personas perciben que hay algo limitado, tienden a valorarlo más, lo que puede aumentar el deseo por obtenerlo. El principio de escasez se basa en la idea de que las personas querrán lo que no pueden tener, y a menudo esto se traduce en la forma en que persiguen a las personas que han estado en contacto con ellas en el pasado. Si una persona siente que está a punto de perder algo o que se le está escapando, es más probable que busque una manera de recuperar esa oportunidad.

Para ilustrar este principio, piensa en una oferta especial de un hotel. Imagina que el hotel ofrece un descuento en una habitación por tiempo limitado. Es probable que la gente se sienta más inclinada a reservarla, incluso si no era su intención original. En cuanto ven que se están acabando las habitaciones, es más probable que la gente tome acción porque perciben que perderán una buena oportunidad.

La escasez también se puede aplicar a las relaciones. Si alguien está buscando establecer una relación, es posible que intente aparecer menos disponible para mantener la curiosidad y el interés de la otra persona. Al parecer que tiene muchas opciones o un estilo de vida atractivo, puede aumentar el deseo del otro por pasar más tiempo juntos.

Autoridad

Este principio de persuasión es bastante simple: las personas están más inclinadas a seguir las instrucciones de un experto, independientemente del contexto en el que busquen consejo o actúen. Por ejemplo, si hablas con un abogado, aceptarás su consejo legal más que el de cualquier otra persona, simplemente porque crees que es una figura de autoridad en su campo.

Del mismo modo, confiarás más en un médico para tus preocupaciones de salud que en las supersticiones de tu tía abuela, y te fías más de tu profesor en una conferencia universitaria —considerándolo como una verdadera autoridad— cuando se trata de obtener material académico. La razón detrás de esto es clara: creemos que las personas que percibimos como autoridades son las más capaces de ofrecer el asesoramiento correcto y garantizar los resultados deseados, simplemente porque tienen la credibilidad necesaria.

Vemos a estas personas como más dignas de confianza porque asumimos que poseen más conocimientos, sin importar el ámbito, y porque, gracias a esa experiencia, merecen que se confíe en ellas. Tiendes a ceder ante aquellos que te rodean y saben más, porque tienen más posibilidades de tener razón.

Este método es relativamente sencillo de implementar. Incluso si no eres una autoridad o un médico y no tienes credenciales destacables, puedes proyectar una imagen de autoridad al compartir cualquier conocimiento que tengas sobre el tema en cuestión. Lo importante aquí es que no debes engañar a la gente diciendo lo que quieren oír; siempre debes ser honesto, y todo depende de cómo comuniques la información.

Por ejemplo, si eres agente inmobiliario y deseas que alguien confíe más en tus consejos, la mejor manera de lograrlo es asegurarte de contar con un respaldo de otras personas. Su secretaria podría mencionar lo bien que relacionas a las personas con sus hogares cuando las traes a su próxima cita. Esto te posicionaría inmediatamente como una autoridad y abriría las mentes de nuevos clientes, preparándolos para escuchar lo que tienes que decir, ya que te verían como un experto, respaldado por la opinión de otra persona que te considera capacitado y exitoso.

Prueba social

Por último, pero no menos importante, la prueba social es increíblemente útil para influir en las personas que te rodean. Al utilizar la prueba social, estás permitiendo que la inclinación natural de las personas se alinee con la de quienes las rodean. En otras palabras, va un paso más allá del condicionamiento grupal.

Las personas desean agradar y, precisamente por este deseo innato, es más probable que se sientan cómodas en las multitudes. Si observan que otras personas realizan voluntariamente algo con lo que no se sienten particularmente a gusto, es más probable que lo hagan también, simplemente porque otros lo están haciendo.

Esta actitud se puede emplear fácilmente para persuadir a los demás. Es fundamental conocer a tu audiencia y asegurarte de dirigirte a ella directamente.

Por ejemplo, si estás tratando de atraer a estudiantes universitarios para una campaña política, debes asegurarte de contar con otros estudiantes universitarios a tu lado. Es importante que tus anuncios y mensajes muestren a otros estudiantes universitarios votando por ti. Asegúrate de que aquellos a quienes intentas persuadir vean grupos de su misma edad dispuestos a apoyarte; solo así estarán más dispuestos a darte su voto.

En un rol de liderazgo, puedes utilizar este método a tu favor. Si deseas que tus nuevos empleados cumplan con la política de la empresa, asegúrate de que todos la sigan desde el primer momento en que entren en contacto con ella. Estarán más dispuestos a hacerlo porque verán a sus compañeros siguiendo esa política, prefiriendo imitar lo que hacen sus colegas en lugar de preocuparse por lo que les ordenan sus superiores.

Además, las personas están mucho más dispuestas a copiar las acciones de sus colegas que a hacer lo que sus superiores les dicen que hagan. Por lo tanto, si aplicas este método, podrás utilizar la persuasión de manera lateral en lugar de vertical: esto significa que emplearás la presión de tus pares, en lugar de las órdenes de un superior.

CAPÍTULO 14: AUTODISCIPLINA

¿Eres capaz de ir al gimnasio todas las mañanas a las 7, aunque te sientas cansado y prefieras dormir?

Si puedes hacerlo, ¡enhorabuena! Posees una autodisciplina impresionante. Si no es así, tal vez te guste especialmente hacer ejercicio por la mañana y lo encuentres más gratificante que cualquier otra parte de tu rutina diaria.

La autodisciplina es una de esas cosas con las que la mayoría de la gente lucha, al menos una vez en la vida. No siempre es fácil convencerse para hacer lo que se debe, y cuando no se logra, se dice que se carece de disciplina, especialmente si se trata de algo que la persona podría hacer, pero decide no hacerlo porque no le apetece.

Sin embargo, la autodisciplina, en esencia, se centra en tu capacidad de autocontrol: es la habilidad de evitar hacer cosas placenteras que sabes que no son saludables, como beber en exceso o comer tres tarrinas de helado para cenar. Aunque beber una botella de vino o un pack de seis cervezas pueda parecer placentero, tienes que reconocer que son hábitos poco saludables y que deberías reducirlos al mínimo.

La autodisciplina es la capacidad de decir "no" a ese pack de cervezas. Es la capacidad de beber solo una cerveza, o incluso no beber ninguna, simplemente porque sabes que es lo mejor para ti. Puedes tomar decisiones más saludables, como cenar una ensalada equilibrada con pechuga de pollo a la plancha, en lugar de comprar el nuevo bocadillo de pollo frito porque te resulta más tentador.

Las personas que desarrollan una fuerte autodisciplina y logran mantener un nivel de control sobre sí mismas son generalmente más felices que aquellas que no pueden hacerlo. Se sienten más satisfechas porque saben que pueden resistir la tentación de actuar de forma poco saludable, y por ello es más probable que adquieran una mentalidad positiva. Recuerda: mejores pensamientos generan mejores emociones, que conducen a mejores acciones, creando así un ciclo virtuoso.

Este círculo de buenas decisiones, como dejar de beber ese fin de semana, te lleva a sentirte orgulloso de ti mismo, lo que a su vez te anima a tomar otras buenas decisiones, como decidir hacer ejercicio por la mañana, de la cual también obtendrás satisfacción.

Este ciclo de bienestar se repite, porque estamos hablando de decisiones saludables; incluso si te sientes tentado por una copa o un buen trozo de tarta de chocolate en una cena con amigos. Tu autodisciplina no solo mejora tu estado de ánimo, sino también tu salud física, ya que te permite controlarte incluso frente a la tentación.

¿Por qué es importante la autodisciplina?

Por si aún no te has dado cuenta, la autodisciplina abarca la autorregulación, la autogestión y la motivación, tres de las habilidades personales que hemos aprendido anteriormente. Si dominas la autodisciplina, esencialmente has dominado la mitad de las habilidades personales, lo que te permite seguir mejorando en inteligencia emocional y habilidades sociales.

La autodisciplina también es crucial para estas habilidades sociales, ya que está relacionada con la conciencia social; el resto de las habilidades sociales dependen en gran medida de la capacidad de un individuo para modificar su comportamiento y, a su vez, influir en el de los demás.

En resumen, la autodisciplina es la base fundamental de la inteligencia emocional. La aplicas cuando decides no golpear a esa persona que te ha enfadado, por muy liberador que te parezca en ese momento. La usas cuando te dices a ti mismo que debes mantener la calma y guiar a los demás, incluso en situaciones de conflicto.

La usas cuando explicas a otros por qué deben tomar una determinada decisión, mientras tú mismo la aplicas. La usas cuando te enfocas en los demás antes que en ti mismo.

Si careces de autodisciplina y intentas ser una persona con altos niveles de inteligencia emocional, reflexiona sobre las consecuencias: no llegarás muy lejos. Podrías acabar golpeando a alguien que te ha hecho enfadar, permitiendo que tus emociones te controlen. Mentirías a las personas simplemente porque es más fácil, buscando resultados que no están alineados con tus valores.

Te sentirías desmotivado en el trabajo, sintiendo que odias todo lo que haces y que te vendes por dinero y nada más. Podrías sentir que tu vida no tiene sentido y que te estás desperdiciando.

La autodisciplina, en cambio, te permite estar satisfecho con tu vida y con lo que haces. Puedes ver el panorama completo y mantenerte enfocado en el objetivo final. Aunque sepas que puedes obtener gratificación instantánea, prefieres trabajar hacia el objetivo a largo plazo y quieres invertir todo tu esfuerzo en ello.

Desarrollar la autodisciplina

Puede que ahora mismo te estés preguntando cómo desarrollar la autodisciplina, especialmente si siempre has sido una persona impulsiva. La buena noticia es que es posible: puedes aprender a ser más disciplinado siguiendo unos sencillos pasos.

La mala noticia es que, para desarrollar la autodisciplina, necesitas practicarla repetidamente, hasta que se vuelva tan natural como respirar. Sin embargo, hay varias formas de hacerlo. Sigue leyendo y encontrarás diez métodos que pueden ayudarte a desarrollar tu autodisciplina personal. Ten fe: cuando comiences a dominar el proceso, te darás cuenta de que tu vida nunca ha sido mejor.

Conoce tus debilidades

Cuando entiendes cuáles son tus debilidades, puedes reconocer las situaciones que te tientan especialmente. Una vez que identifiques tus tentaciones, podrás tomar medidas para evitar rendirte.

¿Cuál es el mayor vicio al que siempre has sucumbido y que te gustaría eliminar de tu vida?

¿Te das atracones de dulces? ¿Pierdes mucho tiempo viendo vídeos de gatos en Internet?

¿Pasas demasiado tiempo frente a los videojuegos?

Independientemente del vicio que quieras dejar, identifícalo y reconoce por qué es tu debilidad. Cuando lo reconozcas, ¿por qué no puedes prescindir de él?

Por ejemplo, puede que comas muchos dulces después de un mal día en el trabajo. Te has comido un batido de comida rápida de camino a casa, o un trozo enorme de tarta de queso porque has tenido un día estresante, y las sensaciones agradables que te producen los dulces te ayudan a olvidar esa negatividad.

Reconocer que los días malos son tu debilidad

significa que la próxima vez que tengas un día difícil,
estarás preparado. Sabrás que sentirás ganas de comer,
pero podrás detenerte, lo cual implica autodisciplina.

Ojos que no ven, corazón que no siente

Lo que ayuda cuando aparece la urgencia es asegurarte de que las cosas a las que intentas resistirte estén
fuera de tu alcance en esos momentos de debilidad.
Del mismo modo que a los alcohólicos o drogadictos
se les aconseja no tener ninguna sustancia a mano, tú
deberías intentar asegurarte de que tus debilidades
están fuera de tu alcance.

Deja en casa solo comida sana y, si anticipas un día
especialmente difícil, asegúrate de ir directamente a
casa, evitando el impulso de entrar en un supermercado o en una tienda. Al eliminar la tentación fácil, te
resultará más difícil rendirte y perder la autodisciplina.
Cuantas más barreras pongas entre tú y el objeto de tu
deseo, más probable será que decidas que el esfuerzo
extra de sentirte culpable no merece la pena.

Cambia tu visión de la autodisciplina

Ahora que ya no te resulta fácil acceder a lo que
deseas, puedes comenzar a cambiar tu mentalidad.
Puede que te sientas débil, pero actuar así te lleva a
comportarte como tal.

¿Recuerdas el ejemplo característico de la inteligencia emocional?

¡Vuelve aquí!

Eres tan débil como crees que eres, y si piensas que cederás, no sentirás el mismo nivel de dedicación para mantener tu autodisciplina. Comienza por recordarte a ti mismo que puedes hacerlo y que eres capaz de lograr el cambio que deseas. No importa lo difícil que sea, puedes lograrlo.

Cuando empieces a creértelo de verdad, te darás cuenta de que la disciplina es más fácil de lo que esperabas, simplemente porque crees en ti mismo.

Practica

Aquí es donde empieza el trabajo duro: aquí es donde comienzas a aplicar activamente la autodisciplina. Al igual que cualquier otra habilidad que hayas intentado dominar, desde montar en bicicleta hasta aprender un nuevo idioma, necesitarás práctica, repetición y compromiso. Sin embargo, cuanto más te esfuerces, más satisfactorio será el resultado final.

Con el tiempo, puede que se te haga más difícil, pero cuando superes el obstáculo, verás que ha valido la pena y todo fluirá más fácilmente a partir de entonces. Por supuesto, requerirá tiempo, esfuerzo y, sin duda, algunos fracasos.

Fijar objetivos

El primer paso es iniciar un nuevo plan de acción.

Tienes que fijar tus objetivos y comprometerte a cumplirlos. Intenta establecer metas claras:

Quieres ir al gimnasio, dejar de darte atracones de dulces, dejar de ver vídeos de gatos en Internet o evitar perder horas en línea cuando no estás trabajando.

Sea cual sea tu objetivo, debes tener una idea clara de lo que significa el éxito para ti. Podría ser ser capaz de correr un kilómetro y medio en un tiempo determinado o perder peso, sustituyendo tu adicción a los dulces por una pequeña cantidad de batidos vegetales saludables que satisfagan tu necesidad de bebidas frías, sin sentirte culpable.

Independientemente de lo que sea, define tu objetivo, comprométete a cumplirlo y establece nuevos hábitos. La mejor forma de superar los malos hábitos es entrenarte para adoptar buenos hábitos en su lugar. Puedes lograrlo tomando decisiones más saludables e incorporando poco a poco tu objetivo en tu estilo de vida, sin el trauma cultural que podría implicar empezar desde cero.

Darte la oportunidad de acostumbrarte facilita el proceso. Por ejemplo, si quieres correr un kilómetro y medio en siete minutos, puedes comenzar utilizando la cinta del gimnasio durante 10 minutos al día. No es necesario imponerte la norma de correr todo el tiempo: simplemente sube a la cinta y camina, corre un poco o corre los 10 minutos completos.

Después de unos días, ajusta el tiempo a 15 minutos de marcha rápida, y luego, con el tiempo, puedes cambiar a 15 minutos de carrera suave. Con el tiempo, podrás acercarte a tu objetivo.

Encuentra planes de respaldo para cuando tus hábitos no funcionen

Cuando inevitablemente falles, necesitarás un plan de respaldo que te asegure poder continuar después de que algo no haya salido como esperabas. Al crear un plan alternativo, estarás más dispuesto a seguir adelante, simplemente porque sabes cómo afrontar la situación. Por ejemplo, si tu objetivo es eliminar los atracones de dulces, sabrás exactamente qué hacer en esas situaciones en las que te enfrentas a los dulces: ya tienes un plan establecido.

No tendrás que tomar decisiones impulsivas cuando alguien presente un pastel en una fiesta o cuando, en una reunión con amigos, alguien saque un brownie. Sabes que tienes un plan y puedes seguirlo, porque no necesitas pensar en esos momentos de confusión y tentación.

Mantener estable el azúcar en sangre

Está comprobado que las personas no pueden tomar buenas decisiones cuando su nivel de azúcar en sangre es bajo. Esto puede reducir tu determinación y dejarte vulnerable a la tentación, ya que tu humor se ve afectado y te sientes miserable.

Cuando tienes hambre, te distraes y esa sensación

puede ser suficiente para desviarte completamente del proceso que intentas llevar a cabo. Sin embargo, puedes remediar esta situación con un simple consejo: come con regularidad.

Si sigues una rutina que incluya varios tentempiés saludables y aseguras comer comidas sanas a horas regulares, evitarás ser víctima de decisiones impulsivas guiadas por tu estómago en lugar de por tu mente.

Recompensas

Los padres tenían razón al utilizar recompensas, porque en efecto, estas mantienen motivados no solo a los niños, sino también a los adultos.

Cuando implementas un sistema de recompensas para ti mismo, obsequiándote algo al alcanzar un objetivo —como una visita a tu tienda favorita o un día en la playa— te sentirás más motivado para continuar con tu autodisciplina.

Seguirás deseando lo que te has propuesto como recompensa, y la expectativa de esa recompensa es suficiente para mantenerte en el buen camino.

Puedes optar por una pequeña satisfacción inmediata o la gratificación de obtener tu recompensa más adelante.

No te culpes por los fracasos

Por último, reconoce los fracasos que puedan surgir. Sí, estás intentando desarrollar la disciplina, que se basa en tener control, pero los accidentes ocurren. Resbalar una o dos veces no te convierte en un fracasado, ni significa que nunca aprenderás el arte de la disciplina. A través de la práctica, la paciencia y la capacidad de perdonarte a ti mismo cuando inevitablemente fracases, estarás más dispuesto a continuar.

Si consideras el fracaso como un inconveniente menor y una oportunidad para aprender, estarás más motivado para seguir adelante que si lo ves como una falta grave que merece vergüenza y castigo. Haz borrón y cuenta nueva y sigue avanzando tras un tropiezo. Ocurre todos los días y, de vez en cuando, no hay nada de qué avergonzarse.

CAPÍTULO 15: EL PODER DE ESCUCHAR

Dar retroalimentación sobre el rendimiento es una de las formas más comunes que tienen los directivos para ayudar a sus subordinados a aprender y mejorar. Hace más de 20 años, uno de nosotros (Avraham) analizó 607 experimentos sobre la eficacia de la retroalimentación y descubrió que, en el 38% de los casos, esta provocaba un descenso en el rendimiento. Esto ocurría tanto con la retroalimentación positiva como con la negativa, principalmente porque la retroalimentación socavaba la percepción que las personas tenían de sí mismas.

Una de las razones por las que dar retroalimentación (incluso positiva) suele ser contraproducente es que indica que el jefe está al mando y que está evaluando. Esto puede causar estrés en los empleados y ponerlos a la defensiva, lo que dificulta que vean la perspectiva de otra persona. Por ejemplo, los empleados pueden manejar los comentarios negativos minimizando la autoridad de quien los dio o despreciando el propio comentario. También pueden modificar sus redes sociales para evitar fuentes de retroalimentación, con el fin de restaurar su autoestima. En otras palabras, se protegen de reforzar sus actitudes contra la persona que les proporcionó la retroalimentación.

Queremos explorar si una intervención más sutil, es decir, preguntar y escuchar, podría evitar estas consecuencias. Dado que la retroalimentación indica a los empleados que deben cambiar, escucharlos y hacerles preguntas podría motivarles a querer cambiar de manera espontánea. En un estudio reciente, demostramos sistemáticamente que tener experiencias de alta calidad (amables, empáticas y sin prejuicios) puede moldear positivamente las emociones y actitudes del interlocutor.

¿Qué hace que la escucha sea poderosa?

La escucha, como puerta de entrada al cambio personal, fue una hipótesis defendida por el psicólogo Carl Rogers en el clásico artículo de HBR de 1992 "Barriers and Gateways to Communication". Rogers teorizó que cuando los oradores perciben que los oyentes son empáticos, atentos y no los juzgan, se relajan y comparten sus sentimientos y pensamientos más profundos, sin preocuparse por lo que los oyentes pensarán de ellos. Este estado de seguridad permite a los oradores profundizar en su conciencia y descubrir nuevos conocimientos sobre sí mismos, incluso aquellos que pueden cuestionar creencias y percepciones previas.

Por ejemplo, pensemos en una empleada que cree que siempre ha respetado los sentimientos de sus compañeros y clientes. Si alguien le dijera que eso no es cierto, se protegería a sí misma, mantendría su creencia e ignoraría las críticas de la otra persona. En cambio, si alguien le pidiera que describiera sus interacciones con otras personas en el trabajo y la escuchara atentamente, animándola a expresarse de vez en cuando, sin duda se sentiría más segura y se abriría de una manera que nunca habría hecho de otro modo. Podría recordar incidentes en los que no respetó a los clientes o en los que se enfadó con otros compañeros, y estaría más dispuesta a hablar sobre estos sucesos y cómo mejorar.

En un experimento de laboratorio, asignamos a 12 estudiantes universitarios el papel de oradores y oyentes y los emparejamos, sentados uno frente al otro. Pedimos a los oradores que hablaran durante 10 minutos sobre su opinión acerca de una renta mínima universal o una posible tarea para la que todos los universitarios se ofrecieran voluntarios. Instruimos a los oyentes diciéndoles que "escucharan lo más atentamente posible"; sin embargo, distraímos al azar a la mitad de los oyentes enviándoles mensajes de texto (del tipo: "¿Qué acontecimiento te ha irritado más últimamente?") y les ordenamos que respondieran brevemente (para que los oradores se dieran cuenta de su distracción). Luego, preguntamos a los oradores si les preocupaba lo que sus interlocutores pensaban de ellos, si formaban alguna opinión mientras hablaban y si daban la impresión de estar seguros de lo que decían.

Observamos que los oradores emparejados con buenos oyentes (frente a los emparejados con oyentes distraídos) se sentían menos ansiosos y más conscientes de sí mismos, e informaron de una mayor transparencia sobre sus actitudes hacia los temas. Los oradores emparejados con oyentes sin distracciones también manifestaron querer compartir su comportamiento con otras personas, más en comparación con los oradores emparejados con oyentes distraídos.

Otro beneficio de la escucha de alta calidad es que ayuda a los hablantes a ver las dos caras de un argumento (lo que llamamos "la complejidad de un comportamiento"). En otro estudio, descubrimos que los hablantes que conversaban con un buen oyente informaban de actitudes más complejas y menos extremas, es decir, no unilaterales.

En un experimento de laboratorio, pedimos a 114 estudiantes universitarios de empresariales que hablaran durante 12 minutos sobre su formación para convertirse en ejecutivos en el futuro. Asignamos aleatoriamente a estos oradores a uno de los tres grupos de escucha (buena, media y mala). Los oradores del grupo de buena escucha hablaron ante un formador de directivos titulado o ante un estudiante de trabajo social cualificado. Pedimos a estos oyentes cualificados que utilizaran todas sus habilidades, como hacer preguntas y reflexionar. Los oradores del grupo de escucha media hablaron con otro estudiante universitario del ámbito empresarial al que se le había indicado que escuchara como de costumbre. Los oradores asignados al grupo de escucha deficiente hablaron con un estudiante de arte dramático al que se le había indicado que fingiera estar distraído (por ejemplo, mirando a su alrededor o jugando con un smartphone).

Tras la conversación, pedimos a los oradores que indicaran, por separado, quién les parecía adecuado para convertirse en directivo. A partir de sus respuestas, calculamos la complejidad de sus comportamientos (en caso de que hubieran logrado anotar tanto los puntos fuertes como los débiles que podían influir en la capacidad de los candidatos para convertirse en directivos) y su extremismo (en caso de que se hubieran detenido en uno solo). Observamos que los oradores que hablaron con los buenos oyentes fueron capaces de identificar tanto sus puntos fuertes como sus debilidades, más que los de las otras condiciones. Los oradores que hablaron con el oyente distraído describieron sobre todo sus puntos fuertes y apenas reconocieron sus debilidades. Curiosamente, los oradores que se encontraron en la condición de escucha más deficiente fueron los que, por término medio, manifestaron sentirse más inclinados a elegir al candidato como posible gerente.

Pusimos a prueba la validez de esta investigación en tres estudios, realizados con empleados municipales, trabajadores del sector tecnológico y profesores (180 trabajadores en total). En estos estudios, pedimos a los empleados que hablaran sobre sus compañeros, sus supervisores o experiencias laborales significativas, antes y después de participar en una intervención de escucha, conocida como "Círculo de escucha". En el círculo de escucha, se invita a los empleados a hablar abierta y honestamente sobre un tema, como una experiencia significativa que hayan tenido en el lugar de trabajo. Se les enseña a no interrumpir y sólo puede hablar una persona a la vez.

En el taller comunicamos todas nuestras conclusiones. Los empleados que participaron en el círculo de escucha manifestaron menor ansiedad social, mayor complejidad conductual y menor extremismo en varios temas relacionados (como la actitud hacia un directivo), en comparación con los empleados que participaron en uno sobre síndromes de control en el que no había oyentes formados.

En conjunto, nuestros resultados sugieren que la escucha parece hacer que los empleados estén más relajados, sean más conscientes de sus fortalezas y debilidades y estén más dispuestos a reflexionar, sin ponerse a la defensiva. Esto puede hacer que los empleados estén más dispuestos a cooperar (lo contrario de competir) con otros colegas, ya que se interesan más en compartir sus actitudes, pero no necesariamente en intentar persuadir a los demás y contratarlos, y más abiertos a considerar otros puntos de vista.

Volviendo al concepto de dar retroalimentación, no afirmamos que escuchar sea mejor que dar retroalimentación. Más bien, parece que escuchar a los empleados hablar de sus experiencias podría hacer que el acto de dar retroalimentación sea más productivo, ayudándoles a sentirse psicológicamente seguros y menos a la defensiva.

Consejos para escuchar mejor

Escuchar es como un músculo. Requiere entrenamiento, persistencia, compromiso y, lo más importante, la intención de convertirse en un buen oyente. Implica vaciar la mente de ruidos externos e internos y, si no es posible, posponer la conversación hasta el momento en que realmente se pueda escuchar sin distracciones. Aquí tienes algunas de las mejores prácticas.

Presta el 100% de tu atención o no escuches. Aparta el móvil, la tableta o el ordenador y mira a tu interlocutor, incluso cuando no te esté mirando directamente. En una conversación normal, el interlocutor te mira de vez en cuando para asegurarse de que sigues escuchando. El contacto visual constante le da al interlocutor la sensación de que estás presente.

No interrumpas. Resiste el impulso de interrumpir antes de que el orador te indique que ha terminado. En nuestros seminarios, damos a los directivos la siguiente instrucción: "Acércate a alguien en tu lugar de trabajo que te resulte difícil escuchar. Hazle saber que estás aprendiendo y practicando la escucha, y que lo único que harás ese día será escuchar durante... minutos (donde puedes poner 3, 5 o incluso 10 minutos) y postergar tu respuesta hasta que se acabe el tiempo predeterminado o incluso hasta el día siguiente".

Los directivos suelen estar encantados con los resultados. Uno compartió: "En seis minutos, completamos una transacción que, de otro modo, habría llevado más de una hora"; otro dijo: "La otra persona compartió conmigo cosas que yo le había impedido decir durante 18 años".

No juzgues ni evalúes. Escucha sin sacar conclusiones precipitadas ni interpretar lo que oyes. Puede que percibas pensamientos críticos, pero intenta dejarlos a un lado. Si te das cuenta de que has perdido el hilo de la conversación debido a esos pensamientos, discúlpate y explícale a tu interlocutor que tu mente estaba distraída y pídele que repita. No finjas que estás escuchando.

No impongas soluciones. El papel del oyente es ayudar al interlocutor a encontrar una solución por sí mismo. Por lo tanto, cuando escuches a un colega o subordinado, abstente de sugerir soluciones. Si crees que tienes una buena solución y sientes la necesidad de compartirla, hazlo en forma de pregunta, por ejemplo: "Estaba pensando, ¿qué pasaría si decidieras hacer X?".

Haz más (buenas) preguntas. Los oyentes dan forma a las conversaciones haciendo preguntas que benefician al interlocutor. Para escuchar bien, es fundamental tener en cuenta las necesidades de la otra persona. Haz preguntas que ayuden a profundizar en sus pensamientos y experiencias.

Antes de hacer una pregunta, pregúntate: "¿Beneficiará esta pregunta al orador o solo satisfará mi curiosidad?". Por supuesto, hay espacio para ambas, pero un buen oyente da prioridad a las necesidades de los demás. Una de las mejores preguntas que se pueden hacer es: "¿Hay algo más?". Esta pregunta a menudo revela nueva información y crea oportunidades inesperadas.

Reflexiona

Cuando termines una conversación, reflexiona sobre lo que has oído y piensa en las oportunidades perdidas: momentos en los que ignoraste posibles ventajas o guardaste silencio cuando podrías haber hecho preguntas. Si sientes que has sido un excelente oyente, considera lo que has ganado y cómo puedes aplicar este tipo de escucha en circunstancias más desafiantes.

CAPÍTULO 16: COMUNICACIÓN VERBAL Y NO VERBAL

¿Sabe cómo leer a las personas?

¿Puedes, de un vistazo, saber exactamente lo que están pensando, sin pensarlo demasiado?

No todo el mundo tiene esta capacidad, pero es algo que todos deberían aprender a desarrollar. Sin esta habilidad, es más probable que las personas enfrenten dificultades en sus interacciones sociales. Sin reconocer lo que comunica el lenguaje corporal de una persona, no se pueden identificar sus verdaderas intenciones. Al no poder centrarte en las señales verbales, puedes pasar por alto pistas importantes que, de un modo u otro, captan tu atención. Estos dos escenarios son desfavorables si estás intentando desarrollar tu inteligencia emocional; después de todo, si no puedes leer las formas más básicas de comunicación de una persona, ¿realmente crees que serás capaz de entenderla o lo que dirá en un momento dado?

La respuesta más probable será "no", y no podrás

hacerlo. Sin embargo, por suerte para ti, puedes proponerte aprender a identificar estas señales y utilizarlas más adelante.

Las señales más básicas que utiliza la gente son verbales y no verbales y pueden dirigir la atención hacia donde se necesita.

Señales verbales

Las señales verbales son probablemente las más evidentes. Con estas señales, básicamente debes escuchar lo que se dice e interpretarlo para asegurarte de que te comportarás y reaccionarás de la manera adecuada.

Las señales verbales más básicas a las que estarás expuesto son las palabras enfatizadas, las señales organizativas y los vicios del habla, independientemente de la persona a la que estés prestando atención. Es fundamental comprender cada uno de estos tres tipos de señales y, cuando te encuentres con ellas, tendrás un atajo para entender lo que se ha dicho y sus implicaciones.

Señales de énfasis

Una señal de énfasis se refiere a lo que una persona dice cuando intenta dirigir la atención o centrarse en algo.

¿Has notado alguna vez algo que pueda definirse como una señal de énfasis, tal y como se ha descrito en este libro?

Lo más probable es que sí. En este texto, por ejemplo, se ha utilizado la palabra "Recuerda" más de una vez para enfatizar un punto que es crucial recordar o que será relevante más adelante. Esta señal se utiliza para captar tu atención, indicándote que lo que viene a continuación es digno de mención.

Por supuesto, las señales de énfasis pueden adoptar diversas formas, como "Esto es importante" o "Presta atención a esto". Cuando se utilizan estas expresiones, o cuando se siente que se está poniendo el acento en algo importante, suele ser una buena idea prestar atención a lo que viene a continuación.

Sin duda, puedes hacer un buen uso de estas señales verbales, asegurándote de incluirlas cuando hables con la gente que te rodea, si realmente necesitas enfatizar algo. Te sorprenderá ver que las personas estarán mucho más dispuestas a prestar atención a lo que tienes que decir si usas las señales verbales adecuadas.

Énfasis organizativo

Estas señales comunican al oyente que se está creando una especie de secuencia. Estás estableciendo un flujo y una línea temporal en lo que dices.

Por ejemplo, piensa en cómo se enseña a escribir a los niños: los párrafos tienen frases divididas por temas, ¿verdad?

Estas frases temáticas a veces pueden incluir algo

como: "En primer lugar, me gustan mucho los tigres porque tienen rayas muy bonitas", seguido de comentarios sobre por qué les gustan las rayas. El siguiente párrafo podría comenzar con: "Luego, a los tigres les gusta nadar, aunque sean grandes felinos". Observa cómo los niños utilizan señales de organización para indicar que están comenzando a tratar un tema diferente.

Esto ocurre siempre en las lecciones y en las instrucciones. Puedes oír a alguien decir "El objetivo de esto es X" o "En segundo lugar, tienes que entender Y".

Fíjate que el segundo ejemplo combina una señal de organización (que indica que el tema de conversación está cambiando) con una señal de énfasis (que indica que debes prestar atención a lo que viene a continuación).

También puedes utilizar estas señales al hablar, si cambias de tema, asegurándote de mencionar algo que deje claro que, de alguna manera, estás cambiando de tema. Tal vez podrías decir: "Ahora pasemos al tema XYZ", o crear una transición suave que indique a los demás que cambien su atención.

Vicios del habla

La última de las señales verbales básicas que vamos a analizar son los vicios del habla. Estos dependen mucho del orador; para identificarlos, hay que prestar atención al mismo. Normalmente, este es uno de esos métodos que se utilizan para advertirte de lo que está a punto de ocurrir. Por ejemplo, te habrás dado cuenta de que el jefe tiende a elevar la voz cuando cambia de tema o cuando quiere enfatizar algo.

Puede que anuncie algo de repente, en voz alta, o que lo enuncie lentamente, como si estuviera meditando cada palabra. Luego dice lo que quiere expresar. Este tipo de vicios te indicarán lo que está a punto de suceder y puedes utilizarlos para hacer una lectura adecuada de las situaciones.

Señales no verbales

Una vez que hayas comprendido las señales verbales, es hora de hablar de las no verbales. Estas señales comprenden el cuerpo humano en su conjunto, reconociendo que las personas poseen una amplia gama de comportamientos que, de hecho, están muy relacionadas con las emociones.

Cuando seas capaz de reconocer estas señales no verbales, podrás controlarte mejor y saber, en todo momento, cómo están los que te rodean. Al utilizar estas señales no verbales, puedes comunicarte de manera efectiva con quienes te rodean, incluso de forma inconsciente, permitiendo que las personas escuchen lo que tienes que decir, aunque solo sea con una postura autoritaria o inclinando la cabeza en el momento adecuado, para dar a la otra persona la seguridad de que la estás escuchando.

Estas señales no verbales suelen manifestarse en

las expresiones, las posturas y la cercanía física entre los individuos.

Expresiones

La gran mayoría de las manifestaciones no verbales provienen de las expresiones faciales. Cuando una persona se expresa, la mayoría de las veces está comunicando la emoción que siente en ese momento.

A la gente le cuesta mucho enmascarar su comportamiento y sus emociones y, por esta razón, es fácil obtener una buena lectura de las personas que te rodean. Presta atención a las expresiones, especialmente a las siete expresiones universales de las que hemos hablado antes.

Al hacerlo, deberías ser capaz de identificar si la persona con la que estás interactuando se siente cómoda, triste o dispuesta a interrumpir por completo esa interacción. Por ejemplo, considera las siguientes expresiones:

- Sonriente, con los ojos brillantes y arrugas en las comisuras.
- Ojos muy abiertos, con el blanco visible alrededor, la boca ligeramente abierta y las cejas levantadas.

¿Puedes identificar las emociones a partir de estas descripciones? La primera es la más sencilla: la sonrisa que crea arrugas alrededor de los ojos es, más o menos, la descripción inequívoca de la felicidad. La segunda, sin embargo, puede ser más difícil de identificar.

En cualquier caso, se relaciona con una expresión de miedo. Al ser capaz de comprender cómo cambia la expresión de una persona, puedes entender mucho sobre ella. Las expresiones suelen implicar el uso de los ojos, la boca, las cejas, y también pueden involucrar la nariz y las mejillas.

Posturas

El término "postura" se refiere generalmente a la forma en que se maneja el cuerpo. ¿Es abierta y atractiva, con los hombros relajados y poca tensión?

¿O está cerrada y la persona se encierra literalmente en sí misma, cruzando los brazos sobre el pecho?

Independientemente de cómo se muestre el individuo, su postura dirá mucho de él. Desde la cabeza hasta los pies, cada parte del cuerpo cambiará de forma natural durante ciertos estados emocionales, y comprender esto será una valiosa herramienta cuando necesites leer a otras personas.

Si intentas entender exactamente cómo se siente alguien, independientemente de que su comunicación verbal diga otra cosa, podrás decidir mejor cuál es la mejor manera de interactuar con él.

Al estudiar las posturas de una persona, presta especial atención a sus hombros, manos, brazos y piernas. Todas estas partes se utilizan habitualmente para transmitir emociones y, a medida que lo aprendas, podrás entender mejor cómo se siente la otra persona.

- Brazos cruzados: cerrados y a la defensiva.
- Brazos detrás de los hombros: confiado y en control, o tratando de establecer control sobre la situación.
- Pies apuntando en una dirección diferente a la interacción: la interacción no es bienvenida.
- Puños cerrados: enfadado.

Gestión

Esta sección se centra principalmente en las manos: las personas tienden a gesticular para comunicarse. Piensa en los niños que señalan, sin hablar, los caramelos en la estantería de arriba. Está claro que señalar es la forma en que el niño comunica su deseo por el caramelo, aunque no use palabras. Estos gestos también se pueden emplear en otras situaciones: las personas pueden asentir con la cabeza para llamar la atención, o juntar las manos en posiciones específicas para expresar felicidad o que tienen un problema. Un abogado puede utilizar gestos sutiles para indicar su opinión sobre el testimonio de un testigo, y un político puede estrechar la mano para comunicar que tiene el control de la situación y que es una autoridad en la que se puede confiar.

A continuación, algunos de los gestos más

comunes que puedes observar en personas de todo el mundo:

- Pulgar hacia arriba: está bien. Con las manos levantadas y las palmas hacia adentro: es una señal de autoridad y respeto. Con las manos en alto y las palmas hacia afuera: indica un deseo de confianza y sinceridad.
- Dar golpecitos con los dedos, especialmente si se trata de un reloj: se está tardando demasiado.

Proximidad

La proximidad se refiere a qué tan cerca se encuentra un individuo de otro. Cuanto más cerca esté de ti, más cómodo se sentirá. Piensa en la diferencia entre dos conocidos de negocios que caminan juntos: sin duda, mantendrían una mayor distancia entre ellos que dos cónyuges.

Los cónyuges tienden a tocarse o estar lo suficientemente cerca como para hacerlo con poco esfuerzo, mientras que los dos conocidos mantendrían una distancia cómoda entre sí. La regla más sencilla con esta señal es recordar que la proximidad física es representativa de la relación real. Cuanto más cerca estén físicamente dos personas, más cerca estarán emocionalmente.

Leer las señales

Cuando se trata de leer a las personas, es importante reconocer lo que se ha dicho hasta el momento. A menudo, lo que alguien dice y lo que luego hace se contradicen, y cuando esto ocurre, hay que prestar atención al lenguaje corporal.

El lenguaje corporal casi siempre revelará la verdad, mientras que las palabras pueden controlarse, con un poco de esfuerzo. Presta atención a lo que se dice; las palabras pueden ser importantes, o incluso cruciales, dependiendo del contexto, pero en última instancia, debes centrarte en el lenguaje corporal. Los ojos y los pies, en particular, revelarán exactamente lo que desea una persona: apuntarán en la dirección de lo que se anhela en ese momento.

Si la persona quiere irse, mirará o dirigirá los pies hacia la puerta, casi sin lugar a dudas.

CAPÍTULO 17: CÓMO FRENAR EL ESTRÉS UTILIZANDO TU INTELIGENCIA EMOCIONAL

Ser capaz de concentrarse es fundamental para el éxito. Tanto si se trata de una concentración interna, que nos permite armonizarnos con nosotros mismos, nuestras intuiciones y valores, como de una concentración externa, que nos ayuda a navegar por el mundo que nos rodea, agudizando nuestra atención, sigue siendo un activo valioso.

Sin embargo, con demasiada frecuencia, nuestro enfoque y atención se desvían, dejándonos exhaustos, distraídos e incapaces de concentrarnos. En mi trabajo de coaching con ejecutivos, estas son algunas de las afirmaciones que más he escuchado cuando han perdido la concentración (puede que yo mismo haya pronunciado alguna):

- «Me siento completamente abrumado».
- «Mi carga de trabajo es una locura y nunca hay tiempo suficiente para hacerlo todo,

entre reuniones y situaciones urgentes que
debo atender durante todo el día».
- «Estoy mentalmente agotado por la presión
y las constantes distracciones en mi oficina.
Simplemente no puedo concentrarme».

Las distracciones constantes y la falta de tiempo
perturban sin duda la concentración, pero el estrés
también influye.

El estrés crónico inunda nuestro sistema nervioso
de cortisol y adrenalina, lo que interfiere en importantes funciones cognitivas. Los investigadores llevan
décadas estudiando los efectos negativos del estrés
sobre la concentración, la memoria y otras funciones
cognitivas. Los resultados son consistentes: el estrés a
corto plazo eleva los niveles de cortisol (así se deno-
mina la hormona del estrés) durante breves períodos, y
puede activar nuestra adrenalina y motivarnos para
trabajar de forma más eficiente como reacción a plazos
inminentes. El estrés prolongado, en cambio, puede
llevar a una acumulación crónica de cortisol, que
puede resultar tóxica para el cerebro. Los científicos
también sospechan que los altos niveles de cortisol
durante largos períodos son factores clave en el
desarrollo del Alzheimer y otras formas de demencia.

Cuando no somos capaces de concentrarnos en el
trabajo debido a las distracciones, esto puede llevarnos
a sentimientos de estrés porque no nos sentimos
productivos; esto, a su vez, disminuye aún más nuestra
capacidad de concentración, creando un círculo

vicioso. Por desgracia, muchos de nosotros no nos damos cuenta de que nuestra concentración está disminuyendo hasta que nos sentimos completamente abrumados. El agotamiento mental y emocional merma aún más nuestra capacidad de concentración y de recordar información.

Afortunadamente, hay una forma de romper este ciclo. En mi investigación, descubrí que una de las razones por las que algunas personas se agotan y otras no es que las primeras son capaces de utilizar su inteligencia emocional (IE) para gestionar el estrés. Puedes emplear estas mismas habilidades, sobre todo la autoconciencia y la autogestión, para mejorar tu concentración. A continuación, te explico cómo.

Comienza utilizando tu autoconciencia, que te permite prestar atención a diferentes factores:

- Por qué te sientes estresado o ansioso. Antes de enfrentarte al estrés, debes entender qué lo ha provocado. Aunque parezca sencillo, es útil hacer una lista de todas las fuentes de estrés. Anota todo lo que te cause ansiedad en tu vida y en tu lugar de trabajo. Puedes dividirlas en categorías según tu capacidad para cambiar las situaciones. En el caso de los factores estresantes de la última categoría, tendrás que aprender a cambiar tu actitud hacia ellos.
- Cómo pierdes tu capacidad de concentración. Según el psicólogo Michael

Lipson, puedes aprender a agudizar tu concentración entendiendo primero cómo se pierde. Al prestar atención a los patrones que te llevan a perder la concentración, puedes comenzar a desarrollar tu habilidad para eliminar las distracciones y mantenerte fiel a tu punto de enfoque original.

- Cómo te sientes cuando estás concentrado. ¿Te sientes ansioso cuando no puedes recordar información en el momento que la necesitas, quizás durante una entrevista de trabajo, una presentación importante o una reunión decisiva con un cliente? ¿Te sientes tenso y desorientado mientras te esfuerzas por encontrar las palabras adecuadas para un correo electrónico importante? Estos pueden ser signos de que estás más estresado de lo que imaginas y que tu incapacidad para concentrarte te causa aún más estrés.
- Cuándo pierdes la capacidad de concentración. Si, por ejemplo, te preocupas demasiado por algo mientras conduces a 80 km/h por la autopista con un coche lleno de niños, te estás poniendo en grave peligro a ti mismo y a los demás. Esto debería ser una señal de alerta para que vuelvas a prestar atención a lo que estás

haciendo y tomes la decisión de pensar en tus problemas más tarde.

Una vez que seas consciente de lo que te causa estrés y de cómo y cuándo pierdes la concentración, puedes utilizar las siguientes estrategias, que dependen de tus habilidades de autogestión para tomar mejores decisiones que te mantengan centrado.

- Emprende una desintoxicación digital. En su encuesta "Stress in America" de 2017, la American Psychological Association (APA) descubrió que los "verificadores constantes", es decir, aquellos que siempre están revisando correos electrónicos, mensajes y redes sociales, estaban mucho más estresados que los que no lo hacían. Más del 42% de los participantes atribuyeron su estrés a debates políticos o culturales en redes sociales, frente al 33% de los que no lo hacían. Aunque pueda parecer imposible desconectarse de la tecnología, la APA afirma que hacerlo, o incluso limitar el acceso digital, puede tener un efecto muy positivo en la salud mental.
- Dale un descanso a tu cerebro. Muchos de nosotros estamos acostumbrados a pasar noches en vela debido a constantes cavilaciones sobre acontecimientos pasados y ansiedades sobre el futuro. Cuando

acumulamos estas noches, la falta de sueño se instala en nuestro cerebro, lo que dificulta cada vez más la concentración y el procesamiento de información. Nuestra interpretación de los eventos y nuestro juicio también pueden verse afectados. La falta de sueño puede influir negativamente en nuestras decisiones porque puede mermar nuestra capacidad para evaluar situaciones, planificarlas cuidadosamente y comportarnos adecuadamente. Comprometerse a dormir las siete u ocho horas recomendadas cada noche puede parecer imposible cuando estamos estresados o sobrecargados, pero los resultados valdrán la pena.

• Practica la atención plena (mindfulness). Las investigaciones sobre la atención plena son claras y convincentes. Practicarla disminuye nuestra tendencia a sacar conclusiones precipitadas y a tener reacciones instintivas de las que podemos arrepentirnos (y que pueden causarnos más estrés). El neurocientífico Richard Davidson sostiene que «la atención consciente mejora la red de atención clásica en el sistema frontoparietal del cerebro, que trabaja conjuntamente para distribuir la atención». En otras palabras, la atención consciente es clave para la resiliencia emocional, un factor crucial en nuestra capacidad para recuperarnos rápidamente del estrés. No te preocupes, no necesitas ser un yogui experto para practicar la atención plena.

- Desplaza tu atención hacia los demás. Cuando nos obsesionamos con nuestras preocupaciones y miedos, podemos desviar nuestra atención de quienes nos importan. Los estudios (incluido el mío propio) demuestran que desplazar nuestra atención hacia los demás produce efectos psicológicos que nos calman y refuerzan nuestra resiliencia. Si prestas más atención a las emociones y necesidades de los demás y muestras interés por ellos, no solo dejarás de pensar en tu propio estrés, sino que también cosecharás los beneficios de saber que has hecho algo significativo por alguien que te importa.

Demasiadas personas sienten que están trabajando arduamente mientras luchan por concentrarse; pero es posible que esta estrategia les resulte contraproducente. En su lugar, presta atención a las causas de tu estrés y a tu incapacidad para concentrarte y, a continuación, actúa para promover mejoras en funciones específicas de tu cerebro que regulan la concentración y la conciencia.

CAPÍTULO 18: REPROGRAMAR LA MENTE PARA SER POSITIVO

Este capítulo te proporcionará siete estrategias que puedes utilizar si deseas corregir tu mentalidad, modificándola y reprogramándola para que se mantenga positiva y entrenable, como corresponde a un líder emocionalmente inteligente.

Afirmaciones positivas

Esta puede ser una de las formas más populares de asegurarte de desarrollar una mentalidad positiva, y solo necesitas dedicar un poco de tiempo cada día para establecerla. Esencialmente, cuando te enfocas en ciertas afirmaciones en tu vida, quieres asegurarte de repetir una frase corta durante uno o dos minutos a lo largo del día, y luego repetirla cada vez que sientas que surgen sentimientos negativos.

En esos momentos de debilidad, necesitas recordarte esas afirmaciones para mantenerte enfocado en lo que es importante. Parece fácil, ¿verdad? Es tan sencillo como parece. Para comenzar, debes identificar algo que desees cambiar. Ten en cuenta que el tema de este capítulo es mantener una mentalidad positiva y conviértelo en el objetivo de tus afirmaciones. Ahora has establecido el objetivo de tu afirmación: Mantente positivo. A partir de aquí, necesitas crear una frase corta que te recuerde mantener una mentalidad positiva. Puede ser sobre cualquier cosa, pero debe cumplir tres criterios básicos: ser positiva, personal y en tiempo presente.

Las tres P de las afirmaciones son:

- Positiva
- Personal
- Presente

Con esto en mente, tendrás una estructura de pensamiento positivo. En primer lugar, mantente positivo: puedes establecer pensamientos positivos si intentas alejarte de la negatividad. Luego, asegúrate de que sean personales: debes asegurarte de que se centren en ti, porque, al fin y al cabo, lo único sobre lo que tienes control es sobre ti mismo. Por último, asegúrate de que estén dirigidas al presente, para poder afirmarte que son reales en el momento en que las dices.

Por ejemplo, podrías pensar en la afirmación: "Me esfuerzo activamente por acoger la positividad en mi vida". Esta afirmación es un excelente ejemplo de lo que debe contener una afirmación: el individuo se centra en sí mismo, asegurándose de que sea positiva y se exprese de manera afirmativa. Eso es todo lo que necesitas.

Luego, utiliza esta afirmación con regularidad. Puedes asegurarte de repetírtela cada vez que te cepilles los dientes, con la esperanza de que se repita en tu mente lo suficiente como para que la reconozcas como cierta y tu mente la trate como un hecho. También utilízala cada vez que pensamientos negativos invadan tu mente. Descubrirás que, al aplicar estos métodos, los pensamientos negativos desaparecerán sin dejar rastro.

Dos pensamientos positivos por cada pensamiento negativo

Es fácil perderse en la ola de la negatividad cuando te das cuenta de que algo va mal. Tal vez estás teniendo un mal día y ocurre algo que lo empeora. Por ejemplo, vas conduciendo hacia el trabajo y terminas en un charco, manchando tu coche recién lavado, para tu humillación.

Puede que decidas que ese día es terrible y que no deberías haber perdido el tiempo limpiando el coche antes, porque ahora tendrás que hacerlo de nuevo. Sin embargo, cuando reconoces esos pensamientos negativos, te repites tu afirmación y, de camino a casa, evitas todos los semáforos en rojo y consigues tu cena favorita.

Reconoces que hay cosas buenas que te han

pasado, que, después de todo, hubo algo positivo en tu día y sigues adelante.

Ríete de las cosas malas

Cuando las situaciones se intensifican rápidamente y sabes que se aproximan a un mal final que no deseas, intenta levantarte el ánimo y aligerar tu mente con una broma. Busca el humor en cualquier parte, incluso cuando enfrentas decisiones difíciles.

Si has tenido un accidente de coche, por ejemplo, puedes bromear diciendo que podría haber sido peor: podrías haber chocado contra un coche de policía aparcado cerca y las cosas podrían haber sido mucho más complicadas. O si llegas tarde a tu boda, puedes reírte con tu pareja, recordándole que, en el mejor de los casos, será un retrato memorable de su relación, ya que ambos suelen llegar tarde en cualquier situación.

Después de cualquier situación, puedes reírte, dejando de lado lo negativo. Tu estado de ánimo te lo agradecerá: es más probable que te sientas feliz y capaz de reírte de las situaciones negativas, ya que cuando ocurran será cuestión de "cuándo" y no de "si".

Todo es una experiencia de aprendizaje

¿Alguna vez, al meter el coche en el garaje, te has estrellado contra la persiana, dañando tanto el garaje como el parachoques? Tal vez aparcaste en el lugar equivocado y, al llegar al trabajo el primer día, mientras llovía, tuviste que correr bajo la lluvia, empapándote para no llegar tarde.

Pase lo que pase, siempre se puede aprender de los errores. Está garantizado que la próxima vez recordarás cuál es el lugar más cercano a la entrada de tu trabajo y no olvidarás comprobar que el garaje está abierto, después de haber aprendido de lo ocurrido.

Estar presente

No, esto no significa simplemente estar donde estás; más bien, debes estar mentalmente presente en ese momento.

¿Te ha pasado algo malo hace cinco minutos? Esos cinco minutos ya han pasado y es hora de centrarse en el presente. ¿Todavía te sientes herido? ¿En agonía? ¿Tienes hambre? ¿Sin refugio? ¿Tienes frío? ¿O incómodo de alguna manera?

Si has respondido "no" a todas estas preguntas, entonces las cosas no están tan mal como pensabas. En lugar de centrarte en lo mucho que te ha molestado meter el pie en un charco hace un momento, deberías darte cuenta de lo afortunado que eres por tener lo que tienes, o por valorar el trabajo que te permite mantenerte a ti y a tu familia. Cuando logres centrarte en el presente, en lugar de en lo que ocurre a tu alrededor, te darás cuenta de que tu mentalidad deja espacio para algo mucho más grande de lo que jamás hubieras imaginado.

Nunca digas nunca

Si puedes mantener un lenguaje positivo, también podrás mantener una mentalidad positiva. Intenta eliminar todas las palabras negativas de tu vocabulario. Evita palabras como "nunca" y otras absolutas, y trata de evitar el pensamiento negativo.

En lugar de centrarte en lo que no pudiste hacer o en lo que no hiciste, cuando te encuentres en una situación difícil, concéntrate en lo que podrías hacer de manera diferente en otro momento. Cuando abordas una situación de esta manera: "¿Qué puedo hacer para que los resultados no sean los mismos que la vez anterior?", consigues que tu mentalidad sea mucho más positiva que si simplemente dijeras: "No hice esto que debería haber hecho y por eso fracasé". Aunque ambas frases se refieren a la misma acción, expresar los conceptos de forma diferente cambia por completo la intención y el significado de la frase y transforma tu mentalidad de positiva a negativa.

Circunstancias positivas

Tal vez uno de los cambios más influyentes que puedes hacer en tu vida no sea solo cambiar tus pensamientos o la forma en que expresas las cosas, aunque ambos son factores que generan grandes resultados; lo más influyente que puedes hacer es asegurarte de que las circunstancias que te rodean sean positivas.

Debes asegurarte de estar rodeado de positividad

que fomente un estado mental saludable. Puedes hacerlo asegurándote de que tus amigos también mantengan una mentalidad positiva y no se centren en el drama ni se preocupen por estar a la altura de los demás. Cuando realmente dejes ir la toxicidad en tu vida, los cambios que verás serán drásticos. Sí, es razonable deshacerte de las personas negativas y tóxicas de tu vida.

La negatividad es como una fruta enmohecida: si pones una manzana enmohecida al lado de una fresca, ¿qué crees que pasará? El moho se extenderá a la manzana fresca y la estropeará. Lo mismo ocurre con la negatividad: puedes contaminarte de negatividad por el simple hecho de estar en un entorno negativo, una situación que debes evitar.

En cambio, cuando estás rodeado de positividad, estás a salvo. Tu estado de ánimo está protegido y tu positividad no puede ser afectada por la negatividad, como la manzana enmohecida que extiende su podredumbre sobre el elemento más fresco de la cesta. Protégete y aleja la negatividad de tu vida en cuanto te des cuenta de su presencia y de que no te hace ningún bien.

CONCLUSIONES

Así que, ahora que sabes exactamente qué es la inteligencia emocional, lo mejor que puedes hacer es aplicar estos conocimientos en tu vida diaria. Ya conoces el secreto para mejorar tus relaciones, construir vínculos más sólidos, potenciar tu autocontrol y aumentar tu capacidad de influir en los demás.

La constancia y el compromiso en esta área de práctica te colocarán en una posición ventajosa en prácticamente cualquier situación que decidas enfrentar, ya sea en el ámbito personal o profesional.

Ser consciente de tus fortalezas y debilidades te otorgará la capacidad de despejar dudas sobre tus habilidades personales. Irónicamente, puede que te encuentres más motivado que nunca al reconocer tus limitaciones, ya que estarás menos preocupado por el fracaso y más consciente de quién eres como persona.

Estás en condiciones de asumir más retos y navegar por el mar de las complejidades sociales. Como resultado, mejorarás tus dotes de liderazgo, sintonizarás con las necesidades del grupo y, naturalmente, te colocarás en una posición para guiar a las personas de manera realmente eficaz.

Desarrollar la empatía y la curiosidad por los demás puede aportar el bienestar de un conocimiento y una comprensión inesperados. Cuanto más practiques el desarrollo de tu inteligencia emocional, más te darás cuenta de que tu capacidad para aprender rápidamente mejora, junto con tu habilidad para empatizar con las experiencias de los demás.

La regulación de las emociones desempeña un papel crucial en la mejora de tu inteligencia emocional, ya que fomenta la autoconciencia y te ayuda a mantener el control sobre tus emociones. Al ejercer el autocontrol, puedes regular tus sentimientos de manera constructiva y saludable. Así, podrás deshacerte de las emociones negativas y continuar generando emociones positivas, que naturalmente serán contagiosas y beneficiosas para los demás.